SCORPIO

Das Leben liebt dich

Louise HAY

mit Robert Holden

7 *spirituelle Übungen für Körper und Seele*

Aus dem Englischen übersetzt von Thomas Görden

SCORPIO

Published by Arrangement with Hay House Inc., Carlsbad, CA
Die Originalausgabe ist erstmals 2015 bei Hay House Inc. erschienen.
Titel der amerikanischen Originalausgabe: Life Loves You

MIX
Papier aus verantwortungsvollen Quellen
FSC® C014889
FSC www.fsc.org

Überarbeitete Neuausgabe 2019

Umschlaggestaltung, Layout und Satz: Danai Afrati
Druck und Bindung: Pustet, Regensburg
ISBN 978-3-95550-312-3

Mehr über unsere Bücher
www.scorpio-verlag.de

Liebe dich selbst
von ganzem Herzen,
und die ganze Welt wird dir
diese Liebe widerspiegeln.

LOUISE HAY

Inhalt

Einleitung

Zum ersten Mal begegnete ich Louise Hay hinter der Bühne der »I Can Do It!«-Konferenz in Las Vegas. Reid Tracy, der Verlagsleiter von Hay House, stellte uns einander vor. »Willkommen in der Hay-House-Familie«, sagte Louise und umarmte mich herzlich.

Louise sollte in zehn Minuten auf die Bühne, um das Publikum zu begrüßen und mich als ersten Redner anzusagen. »Darf ich dich schminken?«, fragte sie mich. Normalerweise trage ich kein Make-up, aber dieses Angebot konnte ich einfach nicht ablehnen. Louise arbeitete mit einem Sortiment von Pinseln, Pudern und Cremes und etwas Glänzendem für meine Lippen. Wir hatten dabei großen Spaß. Alle hinter der Bühne amüsierten sich. Als sie meinem Make-up den letzten Schliff gegeben hatte, schaute sie mir in die Augen und sagte: »Das Leben liebt dich.«

Das Leben liebt dich gehört zu Louises beliebtesten Affirmationen. Ich denke, es ist ihre Kernbotschaft, der zentrale Gedanke, der ihr Leben und ihre Arbeit repräsentiert. Sie liebt es, Menschen zu sagen: »Das Leben liebt dich.« Jedes Mal, wenn ich sie diese Worte sagen hörte, war ich wie elektrisiert. Ich fand, *Das Leben liebt dich* sei ein gutes Thema für ein Louise-Hay-Buch und sprach mit ihr darüber. Als ich es Reid Tracy gegenüber erwähnte, sagte er: »Lassen Sie mich wissen, wenn Sie bereit sind, ihr beim Schreiben dieses Buches zu helfen.« Ehrlich gesagt, dachte ich nicht, dass er das ernst meinte, und damals war ich ohnehin mit eigenen Buchprojekten ausgelastet.

Ein paar Jahre vergingen. Ich schrieb drei neue Bücher für Hay House: *Be Happy,* für das Louise das Vorwort verfasste, *Loveability* und *Holy Shift!*. Die Idee für ein Buch zum Thema *Das Leben liebt dich* kam mir immer wieder einmal in den Sinn, doch ich unternahm nichts in diese Richtung. Am Tag nachdem ich *Holy Shift!* abgeschlossen hatte, wollte ich eigentlich Golf spielen gehen. Doch schon am Mittag hatte ich das Exposé für *Das Leben liebt dich!* fertig, ein Buch, das Louise Hay und Robert Holden gemeinsam schreiben würden. Ich konnte gar nicht anders, als an jenem Morgen dieses Exposé zu verfassen. Die Worte flossen nur so aus mir heraus, ohne dass ich nachdenken musste.

Ich zeigte das Exposé meiner Frau Hollie. »Woher kommt das?«, fragte sie. Ich sagte, ich sei genauso überrascht wie sie. »Schicke es sofort an Hay House«, sagte sie. Ich mailte den Text am 7. Oktober an meine Lektorin Patty Gift. Noch am gleichen Tag antwortete Patty mir, dass sie und Reid Tracy von dem Exposé begeistert seien und dass Reid es Louise zu lesen geben würde. Louise hat am 8. Oktober Geburtstag. Am 9. Oktober schickte sie mir eine freudige E-Mail voller Emojis: Ballons, Kuchen, Herzen und Geschenke. Sie schrieb: »Ich bin so aufgeregt! Seit wann planst du dieses Buch schon, mein lieber Robert? Ich fühle mich geehrt, an diesem besonderen Projekt mitwirken zu dürfen. Das Leben wird uns dabei in jeder Hinsicht helfen. Das ist ein glücklicher Geburtstag für mich! Liebe Grüße sendet dir Lulu.«

Unser Buch *Das Leben liebt dich!* ist das Ergebnis eines Dialogs zwischen Louise und mir. Zwischen Thanksgiving Day und Ostern habe ich Louise dreimal in San Diego besucht. Insgesamt verbrachten wir neun Tage zusammen. Ich habe alle unsere Gespräche aufgenommen. Außerdem sprachen wir regelmäßig über Skype miteinander. Im Lauf der Jahre haben Louise und ich uns auf über 20 »I Can Do It!«-Konferenzen in Europa, Australien, Kanada und den USA getroffen. Ich habe Louise für den Hay House World Summit interviewt, und sie war bei einigen meiner Vorträge und Seminare zu Gast. Wie du sehen wirst, enthält dieses Buch auch Erfahrungen und Gespräche aus diesen gemeinsamen Veranstaltungen.

Das Leben liebt dich! ist eine Reise ins Herz deines wahren Seins. Wir erforschen in diesem Buch unsere Beziehung zur Welt. Wir stellen tief greifende Fragen bezüglich der Natur unserer Realität. In den letzten Jahren hat die Wissenschaft gelernt, die Welt auf neue Weise zu betrachten. Zum Beispiel wissen wir heute, dass Atome keine voneinander getrennten winzigen Objekte sind, sondern Ausdrucksformen der universellen Energie. Ein Universum aus voneinander getrennt existierenden Dingen gab es nie. Alles ist Teil von allem. Jeder Mensch ist Teil eines größeren Einsseins. Wir stehen in Beziehung zu den Sternen, zueinander und zur gesamten Schöpfung.

Die Wissenschaft ist endlich dabei zu entdecken, dass die Welt nicht einfach ein physischer Ort ist. Sie ist auch ein Geisteszustand. »Das Universum ähnelt mehr einem großen Gedanken als einer großen Maschine«, schrieb der englische Physiker Sir James Jeans. Die Erforschung des der Schöpfung innewohnenden Bewusstseins ist die neue Herausforderung für die Wissenschaft. Louise und ich glauben, dass nicht das Atom Fundament der Schöpfung ist, sondern die Liebe. Diese Liebe ist keine sentimentale Angelegenheit. Sie ist nicht einfach eine Emotion. Sie ist das schöpferische Prinzip hinter dem Tanz des Lebens. Sie ist universal. Sie ist intelligent. Sie ist gutwillig. Wir alle sind Ausdrucksformen dieser Liebe. Sie ist unsere wahre Natur.

Das Leben liebt dich! ist zugleich eine Suche und eine Übungspraxis. Louise ist spirituelle Pragmatikerin, und ich interessiere mich für Philosophie nur, wenn sie sich im Alltag anwenden lässt. Daher lautet der Untertitel unseres Buches *7 spirituelle Übungen für Körper und Seele.* Es gibt sieben Kapitel, und jedes endet mit einer spirituellen Übung, die dir hilft, die Theorie in praktische Erfahrung umzusetzen. Zu den sieben Hauptübungen gibt es eine Reihe von ergänzenden Übungen. Wenn du möchtest, kannst du die Übungen in diesem Buch auch mit einem Partner oder in einer Gruppe durchführen. Hauptsache, du machst sie und liest dir nicht nur die Anleitungen durch. Liebe ist schließlich nicht bloß eine Idee.

Im 1. Kapitel, *Der Blick in den Spiegel,* erforschen wir das Spiegel-Prinzip. Dieses Prinzip erkennt an, dass sich in der Art und Weise, wie wir die Welt erfahren, unsere Beziehung zu uns selbst widerspiegelt. *Wir sehen die Dinge nicht so, wie sie sind, sondern wie wir sind.* Daher spiegelt uns die Welt die grundlegende Wahrheit über uns selbst wider, die lautet: *Ich bin liebenswert.* Und sie spiegelt auch unsere grundlegende Angst wider: *Ich bin nicht liebenswert.* Die Welt kann ein dunkler und einsamer Ort sein, wenn wir uns von unserem Herzen entfremdet haben und uns selbst nicht lieben. Doch schon ein aufrichtiger Akt der Selbstliebe kann uns helfen, die Sanftheit der Schöpfung zu erfahren und die Welt in neuem Licht zu sehen. Das 1. Kapitel endet mit der spirituellen Übung *Lass dich vom Leben lieben* und einem *Liebesgebet.*

Im 2. Kapitel, *Ja zum Leben sagen,* sprechen Louise und ich über unsere Schulzeit und darüber, welche Weltsicht uns in der Kindheit vermittelt wurde. Ich berichte von einer Vorlesung während meines Studiums, die mein Leben für immer veränderte. Der Titel dieser Vorlesung lautete: »Glauben Sie tatsächlich, dass eine Reifenpanne bei Ihnen Kopfschmerzen auslösen kann?« Wir laden dich ein, dich für die Erkenntnis zu öffnen, dass das Leben dich niemals verurteilt, kritisiert oder verachtet. Wir leiden an der eigenen Psyche. Andere Menschen können uns Schmerz zufügen, aber das Leben selbst ist nicht gegen uns. Warum sollte es auch? Das Leben unterstützt uns immer. Wir sind Ausdrucksformen der Schöpfung, und das Leben möchte, dass wir das unkonditionierte, freie Selbst zum Ausdruck bringen, das unser wahres Sein ist. Die spirituelle Übung für dieses Kapitel heißt *10 Punkte.*

Im 3. Kapitel, *Folge deiner Freude,* wird erklärt, wie man lernt, auf seine innere Führung zu hören. Louise sagt: »Es geht nicht darum, unseren eigenen Weg um jeden Preis durchzusetzen, sondern darum uns nicht selbst im Weg zu stehen.« Louise nennt es ihre innere Stimme, und ich spreche von meinem inneren Ja. Das Leben versucht immer, uns zu führen, zu unterstützen und zu inspirieren. Manchmal sind wir so sehr in unserer persönlichen Geschichte und unserem Schmerz gefangen, dass wir das nicht erkennen. Die spirituelle Übung in diesem Kapitel besteht darin, eine Affirmations-Tafel anzufertigen. Das hilft dir dabei, deiner Freude zu folgen und ein Leben zu führen, das du liebst.

Das 4. Kapitel, *Vergeben und loslassen,* ist das Herzstück unserer Entdeckungsreise. Hier erforschen wir, was unserer Selbstliebe im Weg steht – zum Beispiel das Gefühl, wir hätten unsere Unschuld verloren, oder anerzogene Minderwertigkeitskomplexe. Wir untersuchen die »Schuld-Geschichte«, die uns das Super-Ego erzählt. Laut dieser Geschichte wurden wir früher einmal vom Leben geliebt, heute jedoch nicht mehr. Wir sprechen über die Arbeit mit dem inneren Kind und erobern unsere ursprüngliche Unbescholtenheit zurück. Die spirituelle Übung hierzu heißt *Die Skala der Vergebung.* Sie ist eine der wirkungsvollsten Vergebungsübungen, die wir kennen.

Im 5. Kapitel, *Jetzt dankbar sein,* befassen Louise und ich uns mit dem Prinzip des *Grundvertrauens,* das Psychologen als elementar für die kindliche Entwicklung und das Erwachsenenleben betrachten. Es handelt sich dabei um ein *inneres Wissen,* dass wir Teil der Schöpfung sind und von einem liebevollen, wohlwollenden größeren Ganzen unterstützt und getragen werden.

Wenn wir über Grundvertrauen verfügen, erkennen wir, dass das Leben uns nicht *zustößt,* sondern *für uns* geschieht. Mit Grundvertrauen sehen wir, dass wir für unser Leben die besten Karten haben. Jede Erfahrung – gut oder schlecht, glücklich oder traurig, bitter oder süß – gibt uns Gelegenheit, uns vom Leben mit Liebe beschenken zu lassen. Die spirituelle Übung zu diesem Kapitel, *Tägliche Dankbarkeit,* kombiniert Dankbarkeit mit Spiegelarbeit.

Das 6. Kapitel, *Öffne dich für Geschenke,* befasst sich mit der buddhistischen Theorie des wohlwollenden Universums. Louise berichtet von ihrer Erfahrung, ein Porträt des sogenannten *segnenden Buddha* zu malen. Sie brauchte dafür fünf Jahre. Die Arbeit an dem Bild war für sie eine tief greifende Meditation, die ihr half, mehr von der liebenden Güte zu spüren, die fester Bestandteil der Schöpfung ist. »Das Leben versucht ständig, uns zu lieben, aber das sehen wir nur, wenn wir offen und empfänglich sind«, sagt Louise. Die spirituelle Übung in diesem Kapitel ist das *Geschenke-Tagebuch.* Dieses Tagebuch wird dir deutlich machen, wie sehr das Leben dich bereits jetzt liebt.

Im 7. Kapitel, *Die Zukunft heilen,* gelangen wir zu der Frage: *Ist das Universum freundlich?* Albert Einstein soll diese Frage als die wichtigste überhaupt bezeichnet haben. Louise und ich glauben, dass die Frage *Wie freundlich bin ich?* genauso wichtig ist. Auf der tiefsten Ebene besteht unsere Lebensbestimmung darin, der Welt ein liebevoller Spiegel zu sein. Unser Ziel ist nicht, uns einfach nur vom Leben lieben zu lassen, sondern diese Liebe zu erwidern. Wir sind hier, um die Welt zu lieben. Würde jeder

Mensch das ein bisschen mehr tun, wäre die Welt kein so angsterfüllter Ort. Die spirituelle Übung für das 7. Kapitel heißt: *Die Welt segnen.*

Für Louise und mich ist es eine Freude, dass du unser Buch in den Händen hältst. Wir sind dankbar dafür, dass wir es gemeinsam schreiben durften. Wir hoffen und beten, dass unsere Arbeit dich dazu inspiriert, dich vom Leben lieben zu lassen und dieser Welt Liebe zu schenken.

Das Leben liebt dich!
Louise Hay und Robert Holden, 2015

Am 30. August 2017 verstarb Louise L. Hay im Alter von 90 Jahren. Die wohl bekannteste Lebenshilfeautorin der Welt ging auf die andere Seite wie sie die letzten Jahrzehnte gelebt hatte: friedvoll und umgeben von lieben Menschen.

Wir danken dir von Herzen für all das, was du uns als Werkzeuge für unsere Bewusstseinsentwicklung hinterlassen hast. Deine liebevollen Gedanken zu Selbstliebe, Akzeptanz, Vergebung und Versöhnung und deine heilsamen Affirmationen sind heute wertvoller denn je. Deine wundervolle Seele ist uns allen noch immer Wegweiser und Licht.

Scorpio Verlag 2019

1. KAPITEL

Der Blick in den Spiegel

Die Liebe ist ein Spiegel.
Wenn ihr den Mut habt, ihr ins Gesicht zu sehen,
spiegelt sich in ihr euer wahres Wesen.
RUMI[1]

Es ist Thanksgiving Day – Erntedankfest.

Louise und ich genießen ein festliches Mittagessen mit Verwandten und Freunden. Wir sitzen nebeneinander am Ende eines großen ovalen Esstischs, der mit zwei riesigen Truthähnen, Platten voller Biogemüse, glutenfreiem Brot, einem Cabernet Franc und einem Kürbiskuchen mit Mandelkruste beladen ist. Heather Dane hat das Essen liebevoll zubereitet. Sie besteht aber darauf, dass ihr Mann Joel auch tatkräftig dazu beigetragen hat, vielleicht als »Meister des Abschmeckens«. Wir unterhalten uns angeregt, sind alle in inspirierter Stimmung. »Das Leben liebt euch«, sagt Louise, als wir die Gläser heben, um uns zuzuprosten.

Am Nachmittag zaubert Heather ständig neue Köstlichkeiten aus ihrer magischen Küche herbei. Der ovale Esstisch wird immer wieder abgeräumt und neu bestückt. Ich stelle mir vor, dass er das Festessen genauso genießt wie wir. Einer aus unserer Gruppe, Elliott, verlässt den Tisch und geht zu dem großen Spiegel an der gegenüberliegenden Wand. Elliott steht einen Moment vor dem Spiegel. Dann beugt er sich vor und küsst ihn. Louise und ich bemerken es und lächeln uns an.

Nach einer kleinen Weile geht Elliott erneut vom Tisch zum Spiegel, küsst den Spiegel und kommt an den Tisch zurück. Elliott ist sehr glücklich. Von diesem Moment an stattet Elliott dem Spiegel regelmäßige Besuche ab. Ihm ist nicht bewusst, dass wir alle ihn inzwischen beobachten, fasziniert und entzückt. Elliott ist nur 18 Monate alt. Was er tut, ist ganz natürlich und spielerisch. Kinder küssen Spiegel.

Als Elliott merkt, dass er ein Publikum hat, winkt er seinen Vater Greg herbei. Greg zögert, vom Tisch aufzustehen, aber Elliott lässt nicht locker, wobei er eine Mischung aus Worten und Zeichensprache benutzt. Greg kann dem Betteln seines Sohnes nicht widerstehen. Und so sitzt jetzt Greg neben ihm vor dem Spiegel. Elliott küsst den Spiegel und wartet dann darauf, dass Greg es ihm nachmacht. Es kostet Greg sichtlich Überwindung, aber dann beugt er sich vor und drückt einen Kuss auf den Spiegel. Elliot klatscht in die Hände und quietscht vor Freude.

»Louise, erinnerst du dich, dass du als kleines Mädchen dein Spiegelbild geküsst hast?«, frage ich.

»Nein, aber bestimmt habe ich es getan«, antwortet sie.

Dann fragt Louise mich, ob ich mich erinnere, als kleiner Junge den Spiegel geküsst zu haben.

»Nein, ich erinnere mich nicht«, sage ich.

»Wir waren alle einmal wie Elliott«, sagt Louise.

»Da hast du sicher recht.«

»Ja, und wir können alle wieder so werden«, sagt sie.

»Und wie schaffen wir das?«, frage ich.

»Durch Spiegelarbeit«, sagt Louise, als wäre die Antwort offensichtlich.

»Warum Spiegelarbeit?«

»Spiegelarbeit hilft uns, uns selbst wieder lieben zu lernen«, erklärt sie.

»So wie am Anfang, als wir Kinder waren?«

»Ja. Und wenn wir uns selbst lieben«, fügt sie hinzu, »erkennen wir, dass das Leben uns auch liebt.«

Den Spiegel küssen

In London herrscht schönes Frühlingswetter, und mein Sohn Christopher und ich sind allein zu Hause. Meine Frau Hollie ist mit unserer Tochter Bo ins Pottery Café in der Nähe der Kew Gardens gegangen, wo die beiden etwas »Mädchenzeit« verbringen. Bo ist gerade vier Jahre alt geworden. Sie verleiht ihrer Kreativität auf schöne Weise und mit viel Freude Ausdruck. Sie werden bald nach Hause kommen, und ich freue mich schon darauf, Bos neuestes Kunstwerk zu sehen. Da ich meine Tochter kenne, weiß ich, dass es ein Regenbogenteller, eine wacklige Tasse mit Herzen darauf oder ein rosa bemalter Salzstreuer in Form eines Kaninchenbabys sein wird – Dinge, die gut zur Teeparty des verrückten Hutmachers in *Alice im Wunderland* passen würden.

Christopher ist jetzt fast sechs Monate alt. Ich habe das Gefühl, ihn schon mein ganzes Leben zu kennen. Manchmal, wenn sich unsere Blicke treffen, verschwinden die Rollen, die wir spielen. Ich höre auf, Vater zu sein, und er hört auf, Baby zu sein. Dann sind wir wie zwei *Seelenfreunde,* die zusammen eine schöne Zeit verbringen. Diese Erfahrung habe ich auch mit Bo schon oft gemacht. Ich kann mir mein Leben ohne sie gar nicht mehr vorstellen. Ich glaube, es war einfach vorherbestimmt, dass sie zu uns kam. Louise ist der Ansicht, dass wir uns eine Familie aussuchen, die uns das gibt und lehrt, was wir für unsere Lebensreise am meisten benötigen. In ihrem Buch *Gesundheit für Körper und Seele*[2] schreibt sie:

> *Ich glaube, dass wir uns alle auf einer endlosen Reise durch die Ewigkeit befinden. Wir kommen auf diesen Planeten, um bestimmte Lektionen zu lernen, die für unsere geistige Entwicklung notwendig sind. Wir wählen unser Geschlecht, unsere Hautfarbe, unser Land. Und dann schauen wir uns nach dem Elternpaar um, das unsere Denkmuster perfekt »widerspiegelt«.*

Hollie und Bo rufen an, um zu sagen, dass sie auf dem Weg nach Hause sind und Geschenke für Christopher und mich mitbringen. Als ich das Telefon weglege, sehe ich, dass Christopher lächelt. Er lächelt oft. Das trifft auf die meisten Babys zu. Es liegt in ihrer Natur. Doch wenn Christopher in Lächel-Laune ist, kann er gar nicht aufhören. Er lächelt *alles* an, sogar leblose Gegenstände wie eine leere Blumenvase, den Staubsauger oder einen Schraubenzieher. Ich nehme ihn auf den Arm und trage ihn zu dem Spiegel über unserem Kamin.

»Lieber Christopher, es ist mir ein Vergnügen, dir Christopher vorzustellen«, sage ich und zeige auf sein Spiegelbild. Christopher hört auf zu lächeln. Das überrascht mich. Ich hatte erwartet, er würde strahlend lächeln, wenn er sich im Spiegel sieht. Schließlich lächelt er doch sonst alles an. Ich stelle ihm ein zweites Mal sein Spiegelbild vor, und wieder lächelt er nicht. Sein Gesicht ist ausdruckslos, als würde er gar nichts im Spiegel erblicken, noch nicht einmal eine leere Blumenvase.

Warum hat Christopher sein Spiegelbild nicht angelächelt? Nun, ich stellte ein paar Nachforschungen über die Psychologie der kindlichen Entwicklung an und fand heraus, dass Säuglinge sich *nicht* im Spiegel anlächeln. Sie erkennen sich selbst nicht. Warum ist das so? Ich frage Louise danach. »Babys identifizieren sich noch nicht mit ihrem Körper«, sagt sie auf die sachliche Art, die so charakteristisch für sie ist.

Babys sind wie Seelenvögel, die über ihrem Körper schweben und noch nicht in ihm gelandet sind. Wenn sie in den Spiegel schauen, zeigen sie nicht auf den Körper und denken: *Das bin ich* oder *das ist mein Körper.* Babys sind reines Bewusstsein. Sie empfinden sich noch nicht als *Ich*. Sie haben kein Selbstbild. Sie haben noch keine Persönlichkeit oder Maske entwickelt. Neurosen sind ihnen unbekannt. Sie sind noch erfüllt vom ursprünglichen Segen des Geistes. Sie identifizieren sich nur mit ihrem *ursprünglichen Gesicht,* wie es die Buddhisten nennen, dem Gesicht der Seele.

Erst im Alter von 15 bis 18 Monaten erkennen Kinder ihr Spiegelbild. Das ist das Spiegelstadium oder *stade du miroir,* wie es der Psychoanalytiker Jacques Lacan nannte. Kein Wunder, dass Elliott bei unserem Thanksgiving-Essen solchen Spaß vor dem Spiegel hatte! Als Christopher ins gleiche Alter kam, fing er wie Elliott an, den Spiegel zu küssen. Er küsste auch den großen runden Wasserhahn in unserem Badezimmer, funkelnde Löffel, Stahlpfannen, gläserne Türgriffe und alles, in dem er sein Spiegelbild sehen konnte.

Ab einem Alter von drei Jahren schließen Kinder Freundschaft mit dem Spiegel. Kinder lieben, was sie im Spiegel sehen. In dieser Zeit lernen sie: *Ich habe einen Körper.* Doch sie tragen diesen Körper noch mit großer Leichtigkeit. Ihr Körper ist nicht, was sie sind, sondern eine notwendige Form für die Erfahrung des Menschseins. Sie schneiden vor dem Spiegel Grimassen, probieren Posen aus, spielen das Guck-Guck-Spiel und erfinden alberne Tänze. Christopher und Bo haben großen Spaß an dem Bild, das sie von sich im Spiegel sehen. Oft spielen sie mit ihrem Spiegelbild, so wie Peter Pan mit seinem Schatten spielt.

Damit zu experimentieren, ein *Ich* zu sein, macht anfangs Spaß, doch das ändert sich mit der Zeit. Wenn wir die Identität eines von allen anderen getrennten Selbst – eines Egos – entwickeln, verändert sich unsere Psychologie. Wir fangen an, uns vor dem Spiegel gehemmt zu fühlen. Wir werden kamerascheu.

Entweder gieren wir nach Aufmerksamkeit oder wir vermeiden sie ängstlich. Aus der Liebe kommend, machen wir einen Umweg in die Angst. Wir beginnen, uns selbst zu beurteilen, und sehen unser *ursprüngliches Gesicht* nicht mehr. Das Selbstbild, das wir jetzt im Spiegel sehen, ist aus Kritik und Werturteilen geformt. Es ist nicht unser wahres Selbst.

Der Seelenvogel, unser wahres Wesen, singt noch immer, aber es fällt uns schwer, ihn zu hören, weil er von den rauen Schreien eines Selbstbildes oder Egos übertönt wird, das sich isoliert und ängstlich fühlt. Die Schönheit, die wir einst im Spiegel sahen, ist immer noch da, jedoch wird sie durch unsere Selbstzweifel und unsere Selbstkritik verzerrt. Sobald wir aufhören, uns selbst zu kritisieren und zu verurteilen, können wir sie wieder sehen, aber unsere Selbstverurteilung ist nun zu einer Gewohnheit geworden, mit der wir uns identifizieren. Wir haben uns eingeredet, dass Sehen Urteilen bedeutet, aber das genaue Gegenteil trifft zu. Wirklich sehen können wir nur, wenn wir aufhören zu urteilen.

Das Märchen von der Unzulänglichkeit

»Mit neun Jahren unternahm ich meinen ersten Selbstmordversuch«, erzählt mir Louise.

»Und was geschah?«, frage ich.

»Nun, offensichtlich hat es nicht funktioniert«, sagt sie.

»Hätte es funktioniert, so hätte die Welt nie etwas von Louise Hay erfahren«.

»Das ist wahr.« Louise lächelt.

»Also, was geschah?«

»Man hatte mir gesagt, ich solle bestimmte Beeren nicht essen, die oben auf dem Hügel wuchsen. Es hieß: Sie sind giftig, und wer davon isst, muss sterben. Eines Tages, als sich mein Leben unerträglich schlecht anfühlte, aß ich diese Beeren und legte mich hin, um zu sterben.«

Louise und ich sitzen in San Diego vor einem großen Wandspiegel in ihrem Arbeitszimmer. Wir tauschen Kindheitserinnerungen aus. Louise hat vorgeschlagen, das vor einem Spiegel zu tun. Während sie erzählt, schaut sie ihr Spiegelbild an, hält ständig mit ihm Augenkontakt. Ich bin erstaunt, wie viel Aufrichtigkeit und Verletzlichkeit sie sich zugesteht. Sie erzählt mit leiser, freundlicher Stimme aus ihrer Kindheit. Man hört immer noch etwas Traurigkeit heraus. Sie spricht voller Mitgefühl über ihr neunjähriges Selbst.

»Warum wolltest du dich denn damals umbringen?«, frage ich.

»Ich fühlte mich nicht liebenswert«, antwortet sie.

»Gab es denn davor eine Zeit, in der du dich liebenswert fühltest?«

»Ja, ganz am Anfang. Doch nach der Scheidung meiner Eltern wurde es wirklich schlimm. Meine Mutter heiratete einen Mann, der mich schlug und sexuell missbrauchte. Es gab viel Gewalt bei uns zu Hause.«

»Es tut mir leid, das zu hören, Lulu.«

»Die Botschaft in der Familie lautete: *Ich bin nicht liebenswert.*«

Als Teenager wurde Louise von einem Nachbarn vergewaltigt. Der Mann wurde zu 16 Jahren Gefängnis verurteilt. Mit 15 Jahren ging Louise von zu Hause weg. »Alles, was ich wollte, war, dass die Leute nett zu mir sind«, sagt sie, »aber ich wusste nicht, wie man nett zu sich selbst ist.« So kam sie vom Regen in die Traufe. »Ich hungerte nach Liebe und war ein Magnet für Missbrauch«, erzählt sie mir. Sie ging mit jedem ins Bett, der nett zu ihr war. Schon bald wurde sie schwanger. »Ich konnte nicht für ein Kind sorgen, weil ich nicht für mich sorgen konnte«, sagt sie.

Als es Zeit für meine Kindheitsgeschichte ist, fragt mich Louise: »Was hast du dir als Kind am meisten gewünscht?« Ich betrachte intensiv mein Spiegelbild. Erst will mir nichts einfallen, doch rasch kehren die Erinnerungen zurück. »Ich wollte gesehen werden«, erzähle ich. Sie fragt, was ich damit meine. »Ich wünschte mir jemanden, der mir sagt, wer ich bin und wozu ich hier bin und dass alles gut werden wird«, sage ich. Als Kind war ich von Staunen erfüllt, und die großen Fragen faszinierten mich: *Wer bin ich? Was ist real? Warum lebe ich?*

Als ich klein war, zogen wir ständig um. Mama wollte möglichst weit weg von ihren Eltern leben. Papa wechselte häufig den Job. Irgendwie endeten wir dann doch wieder in Winchester, nicht weit von der Familie meiner Mutter entfernt. Wir mieteten ein kleines Haus namens Honeysuckle Cottage, und ich habe viele glückliche Erinnerungen aus jener Zeit. Später, als ich neun Jahre alt war, zogen wir in ein Dorf namens Littleton. Dort wohnten wir in einem Haus, das Shadows (Schatten) hieß. Ich weiß noch, dass ich es seltsam fand, ein Haus so zu nennen.

»Haben dich deine Eltern geliebt?«, fragt Louise.

»Ja, ganz bestimmt, aber es war kompliziert.«

»Warum?«

»Meine Mutter litt immer wieder an Depressionen. Eine Depression befiel sie ganz plötzlich, ohne Vorankündigung, und konnte Wochen dauern. Dann lag sie einfach nur im Bett, und wir beteten, dass die Medikamente wirkten. Wegen der Depression gab es auch mehrere Klinikaufenthalte, aber dort versuchte sie jedes Mal, sich umzubringen.«

»Und dein Vater?«, fragte Louise.

»Mein Vater hatte seine eigenen Dämonen«, erzähle ich ihr.

Als ich 15 Jahre alt war, entdeckten wir, dass mein Vater ein Alkoholproblem hatte. Er versprach, damit aufzuhören. Er hörte viele Male auf. Schließlich zog er von zu Hause aus, und seine letzten zehn Lebensjahre verbrachte er als Obdachloser. Es war ein Albtraum, Eltern zu haben, die so sehr litten. Die Holden-Familie liebte einander, so gut es ging, aber niemand von uns fühlte sich selbst liebenswert. Niemand von uns konnte mit Überzeugung sagen: »Ich bin liebenswert.«

Die Wahrheit deines Seins ist,
dass du liebenswert bist.

LOUISE HAY

Was die Natur des Menschen angeht, vertreten Louise und ich die gleiche Philosophie. Wir wissen beide, dass die grundlegende Wahrheit eines jeden Menschen, du eingeschlossen, lautet: *Ich bin liebenswert.* Liebe ist viel mehr als ein Gefühl, eine Emotion. Liebe ist dein wahres Wesen. Sie ist deine spirituelle DNA. Sie ist das Lied des Herzens. Sie ist das Bewusstsein der Seele. Wenn wir Glück haben, wird uns in der Kindheit von unseren Eltern, von Schule, Kirche, Freunden und Verwandten diese grundlegende Wahrheit gespiegelt – ich bin liebenswert.

Spiegelung ist ein wesentlicher Bestandteil der Kindheit. Der höchste Zweck dieser Spiegelung unseres Wesens durch Eltern und andere Bezugspersonen besteht darin, uns in der grundlegenden Wahrheit zu bestärken, dass wir liebenswert sind. Durch diese bejahende Spiegelung erfahren wir unsere ewige Natur als liebenswerte Wesen. Wir entwickeln Selbstvertrauen und werden zu reifen Erwachsenen, die liebevoll in dieser Welt präsent sind.

Die grundlegende Wahrheit *Ich bin liebenswert* hat ein Gegenteil, die grundlegende Angst *Ich bin nicht liebenswert.* Die Angst, nicht liebenswert zu sein, wird verstärkt durch eine ungesunde Spiegelung in der Kindheit. Bei unserem Gespräch vor dem Spiegel erzählt Louise: »Ich wurde von zwei Menschen erzogen, die glaubten, nicht liebenswert zu sein. Sie konnten mir nicht vermitteln, dass ich liebenswert bin, weil sie das selbst nie erfahren hatten.« Eltern müssen ihr eigenes wahres Wesen kennen, sonst können sie ihren Kindern nicht dabei helfen, sich selbst zu lieben.

Die grundlegende Angst, nicht liebenswert zu sein, ist unwahr. Sie ist einfach nur eine Geschichte. Sie fühlt sich nur deshalb wahr an, weil wir uns mit ihr identifizieren. Das hält uns davon ab, uns an uns selbst zu freuen. Wir distanzieren uns von uns selbst. Wir vergessen den Seelenvogel, der unsere wahre Natur ist. Und die Welt wird zum Symbol für unsere Angst. Wir fürchten uns davor, in den Spiegel zu schauen. »An Spiegeln gehe ich möglichst schnell vorbei«, sagte der Schauspieler Bill Nighy. Die Angst, nicht liebenswert zu sein, vergiftet unsere Psyche. Wir fangen an, uns ständig zu bewerten und zu verurteilen: *Etwas stimmt nicht mit mir. Ich bin schlecht. Ich bin ein Nichts.*

Diese tief sitzende Angst und die Angewohnheit, uns selbst zu kritisieren und zu verurteilen, lassen in uns etwas entstehen, das ich *das Märchen von der Unzulänglichkeit* nenne. Das äußert sich in Selbstgesprächen wie diesen:

* *Ich bin nicht gut genug.*
* *Ich bin nicht klug genug.*
* *Ich bin nicht erfolgreich genug.*
* *Ich bin nicht schön genug.*
* *Ich bin nicht stark genug.*
* *Ich bin nicht interessant genug.*
* *Ich bin nicht kreativ genug.*
* *Ich bin nicht reich genug.*
* *Ich bin nicht dünn genug.*
* *Ich bin nicht bedeutend genug.*

Louise sagt dazu: »Diese Angst, nicht gut genug zu sein, macht praktisch allen Menschen zu schaffen, mit denen ich bisher gearbeitet habe.«

Das Märchen von der Unzulänglichkeit hat mit unserem Seelenvogel, unserer wahren Natur, nichts zu tun! Es ist ein erlerntes Minderwertigkeitsgefühl, ein vergängliches Selbstbild, das wir aufrechterhalten, bis es zu schmerzhaft wird. Irgendwann fallen wir auf die Knie und sagen: »Ich will mein Leben heilen.« Und: »Es muss einen anderen Weg geben.« Wenn wir bereit sind, uns wieder für die Wahrheit zu öffnen, *dass wir liebenswert sind,* entwickeln wir uns weiter und lassen das Märchen von der Unzulänglichkeit hinter uns.

Das Spiegel-Prinzip

»Als ich mit der Spiegelarbeit anfing, bereitete mir das ziemliche Schwierigkeiten«, erzählt Louise.

»Wie kam das?«, frage ich.

»Ich suchte nach Fehlern und fand eine Menge«, sagt sie mit einem Lächeln.

»Welche denn?«

»Oh, meine Augenbrauen gefielen mir nicht. Ich hatte zu viele Falten. Meine Lippen hatten nicht die richtige Form. Die Liste war ziemlich lang.«

»Das muss hart gewesen sein.«

»Damals fiel es mir sehr schwer, freundlich zu mir selbst zu sein«, sagt Louise.

Meine erste Erfahrung mit der Spiegelarbeit verlief ähnlich. Als ich in den Spiegel schaute, merkte ich, wie kritisch ich mich sah. Zum Teil betraf das mein Äußeres. Mir gefiel mein Lächeln nicht. Ich wollte anders lächeln – irgendwie besser. *Ich bin nicht fotogen,* sagte ich mir. Die anderen Urteile, die ich über mich fällte, waren noch persönlicher – typisches Unzulänglichkeitsdenken wie: *Ich bin nicht erfolgreich genug. Ich bin untalentiert. Ich bin nicht gut genug und werde es auch nie sein.*

»Hast du mit dem Gedanken gespielt, die Spiegelarbeit wieder aufzugeben?«, frage ich Louise.

»Ja, aber ich hatte einen guten Lehrer, dem ich vertraute. Er half mir, mich vor dem Spiegel sicher zu fühlen.«

»Wie ging er dabei vor?«

»Er wies mich darauf hin, dass der Spiegel mich nicht beurteilt. Ich war es, die sich selbst kritisierte und beurteilte. Deshalb gab es keinen Grund, sich vor dem Spiegel zu fürchten.«

»Das ist der Schlüssel zur Spiegelarbeit«, sage ich.

»Ja«, pflichtet Louise mir bei. »Außerdem zeigte er mir, dass ich beim Blick in den Spiegel mein Äußeres nur bewertete. Ich schaute mich gar nicht wirklich an.«

»Dank ihm bliebst du also bei der Spiegelarbeit.«

»Ja, und nach einer Weile ereigneten sich in meinem Leben kleine Wunder.«

»Kleine Wunder?«

»Grüne Ampeln und freie Parkplätze!«, sagt sie und lacht herzlich.

»Was meinst du damit?«

»Es schien so, dass die Ampeln nur für mich auf Grün sprangen. Und gute Parkplätze bekam ich dort, wo man eigentlich nie einen findet. Ich fühlte, wie ich immer mehr eins wurde mit dem Rhythmus des Lebens. Ich machte es mir nicht mehr so schwer, wodurch mein Leben leichter wurde.«

Auch ich habe eine gute Lehrerin für die Spiegelarbeit. Ihr Name ist Louise Hay. Louise gilt als Pionierin der Spiegelarbeit und unterrichtet diese wertvolle Methode inzwischen seit über 40 Jahren. Die Bezeichnung *Spiegelarbeit* verwendet Louise für eine Reihe von Übungen, die vor einem Spiegel gemacht werden. Zu diesen Übungen zählen Meditationen, Affirmationen und Selbstbefragungen, die sie in ihren Büchern und Seminaren empfiehlt. Auch ich setze in der Arbeit mit meinen Schülern und Seminarteilnehmern die Spiegelarbeit ein.

Das Konzept, auf dem die Spiegelarbeit beruht, bezeichne ich als das *Spiegel-Prinzip*. Es ist der Schlüssel zur transformativen und heilenden Wirkung der Spiegelarbeit. Das Spiegel-Prinzip hilft dir, auch dann durchzuhalten, wenn dir bei deiner Spiegelarbeit innerer Widerstand zu schaffen macht. Das Spiegel-Prinzip besagt, *dass deine Beziehung zu dir selbst sich in deiner Beziehung zu allen Menschen und Dingen widerspiegelt.*

Deine Beziehung zu dir selbst spiegelt sich demnach in deiner Beziehung zu Verwandten und Freunden, Partnern und Fremden, Autoritätspersonen und Konkurrenten, Helden und Schurken. Das Spiegel-Prinzip kann dir helfen, in allen Lebensbereichen zu erkennen, wie du zu dir selbst stehst. Deine

Beziehung zu dir selbst spiegelt sich zum Beispiel im Umgang mit:

* *Zeit:* dir Zeit nehmen für das, was wirklich wichtig ist.
* *Raum:* Raum schaffen, mit dir allein zu sein und das zu genießen.
* *Erfolg:* auf dein Herz hören.
* *Glück:* deiner Freude folgen.
* *Gesundheit:* gut für den Körper sorgen.
* *Kreativität:* wie selbstkritisch du bist.
* *Intuition:* auf die innere Weisheit vertrauen.
* *Fülle:* wie gut du in der Gegenwart lebst.
* *Liebe:* wie empfänglich und friedfertig du bist.
* *Spiritualität:* wie offen du bist.

Das Spiegel-Prinzip zeigt, auf welche Art du leidest und wie dieses Leid sich heilen lässt, und auf welche Weise du dich selbst blockierst und wie du diese Blockaden lösen kannst. Es ist der Schlüssel zur Selbstliebe und dazu, sich vom Leben lieben zu lassen. Wenn du verstehst, wie das Spiegel-Prinzip funktioniert, versetzt dich das in die Lage, in den Beziehungen zu anderen Menschen, im Beruf und im Leben insgesamt gute Entscheidungen zu treffen. Schauen wir uns also das Spiegel-Prinzip etwas genauer an:

Deine Psyche ist ein Spiegel. Deine Psyche ist ein Spiegel des Selbstbildes. Was du von dir selbst denkst, beeinflusst, womit du dich hauptsächlich identifizierst. Mit anderen Worten, du denkst wie die Person, die du im Spiegel siehst. »Ich dachte früher, ich wäre immer das Opfer«, sagt Louise. »Daher war meine Psyche voller Angst, Zynismus und Abwehr. Das Leben versuchte, mich zu lieben, aber ich konnte mich dafür nicht öffnen, weil ich nicht vertraute. Und ich konnte es nicht sehen, weil ich es nicht glaubte.« Der wirkungsvollste Weg, die Psyche zu verändern, besteht darin, anders über sich selbst zu denken.

Die Welt ist ein Spiegel. Wahrnehmung ist subjektiv, nicht objektiv. In jeder Sekunde empfängt das Gehirn, manchen Schätzungen zufolge, zehn bis elf Milliarden Informations-Bits. Würde es versuchen, all das zu verarbeiten, wären wir rettungslos überfordert. Stattdessen filtert es die Informationen und präsentiert uns nur etwa 2000 Bits pro Sekunde. Und dieser Filter ist unser Selbstbild. Wir sehen nur das, womit wir uns identifizieren. *Wir sehen die Dinge nicht so, wie sie sind, sondern wie wir sind.* Und dementsprechend erleben wir die Welt als Hölle oder Himmel, als Prüfung oder Geschenk, als Gefängnis oder als Klassenzimmer, als Schlachtfeld oder als Garten, als Armenhaus oder als Spielplatz, als Albtraum oder als Theater.

Beziehungen sind Spiegel. Wenn wir anderen Menschen begegnen, begegnen wir immer auch uns selbst. Wir entdecken, dass wir uns in mancher Hinsicht voneinander unterscheiden, aber doch überwiegend ähnlich sind. In eine zwischenmenschliche Beziehung bringen wir stets unsere Erfahrung ein. Und das, was fehlt, ist oft das, was du selbst zurückhältst. Manchmal vermitteln wir uns gegenseitig die grundlegende Wahrheit *Ich bin liebenswert,* und manchmal projizieren wir die Grundangst *Ich bin nicht liebenswert* nach außen. Je weniger du dich selbst liebst, desto schwerer machst du es anderen, dich zu lieben. Je mehr du dich selbst liebst, desto stärker spürst du, wie sehr du geliebt wirst.

Das Leben ist ein Spiegel. »Wenn wir erwachsen werden, neigen wir dazu, die emotionale Umgebung unserer Kindheit nachzubilden«, sagt Louise. »Und in unseren persönlichen Beziehungen neigen wir dazu, unser Verhältnis zu Mutter und Vater nachzubilden.« In deinem Leben bringst du zum Ausdruck, wer du zu sein glaubst. Es spiegeln sich darin die Werte, Moralvorstellungen und Neigungen wider. Wie du lebst, zeigt, wie du denkst. Es zeigt, was du zu verdienen oder nicht zu verdienen glaubst, was du verwerflich findest und wofür du Verantwortung übernimmst.

Das Spiegel-Prinzip ist der Schlüssel dazu, in deinem Leben »kleine Wunder« geschehen zu lassen. In *Ein Kurs in Wundern*[3] wird dieses Prinzip sehr schön auf den Punkt gebracht: »Die Wahrnehmung ist ein Spiegel, keine Tatsache. Und das, worauf ich schaue, ist mein Geisteszustand, der sich außen spiegelt.« Weiter heißt es dort:

»Wahrnehmung wird durch Projektion erzeugt.

Die Welt, die du siehst, ist das,
was du ihr gegeben hast, nicht mehr als das.

Doch wenn sie auch nicht mehr als das ist,
ist sie auch nicht weniger.

Deswegen ist sie für dich wichtig.

Sie ist das Zeugnis für den Zustand deines Geistes,
das äußerliche Bild eines inneren Zustands.

Wie ein Mensch denkt, so nimmt er wahr.

Suche deshalb nicht, die Welt zu ändern,
sondern entscheide dich, dein Denken über
die Welt zu ändern.«

Das Wunder der Selbstliebe

In meinem Zimmer gibt es einen Spiegel.
Ich nenne ihn meinen Zauberspiegel.
In diesem Spiegel wohnt meine beste Freundin.
LOUISE HAY

»Zuerst war die Spiegelarbeit nicht leicht für mich«, erzählt Louise während eines meiner 5-Tages-Seminare vor einem vollen Saal Zuhörer. »Die schwierigsten Worte für mich waren: *Ich liebe dich, Louise.* Ich vergoss viele Tränen und musste viel üben. *Ich liebe dich* zu meinem Spiegelbild zu sagen, kostete mich anfangs enorm viel Überwindung. Aber ich gab nicht auf. Und heute bin ich froh darüber, denn durch die Spiegelarbeit hat sich mein Leben verändert.«

Die 150 Seminarteilnehmer hängen förmlich an Louises Lippen. Unter ihnen sind viele Psychologen, Therapeuten und Coaches, die Spiegelarbeit nicht nur für sich persönlich, sondern auch im Beruf anwenden. Louise machte das Seminar als einfache Teilnehmerin mit, aber als wir zu dem Modul über Spiegelarbeit kamen, ließ ich mir die Gelegenheit nicht entgehen, sie zu bitten, uns von ihren Erfahrungen zu erzählen, und dieser Bitte kam sie sehr gerne nach.

Louise berichtete von einem frühen Durchbruch in ihrer Spiegelarbeit: »Eines Tages probierte ich eine kleine Übung aus.

Ich blickte in den Spiegel und sagte zu mir: ›Ich bin schön und alle lieben mich.‹ Natürlich glaubte ich das zunächst nicht. Aber ich war geduldig mit mir, und schon bald fiel mir diese Affirmation leichter. Während des ganzen Tages sagte ich mir immer wieder: ›Ich bin schön und alle lieben mich.‹ Das zauberte ein Lächeln in mein Gesicht. Es war verblüffend, wie die Leute auf mich reagierten. Alle waren so freundlich zu mir. An diesem Tag erlebte ich ein Wunder – ein Wunder der Selbstliebe.«

Louise macht das Thema sichtlich Freude, also nutze ich die Gelegenheit, sie nach dem Sinn der Spiegelarbeit zu fragen. Unser Gespräch wurde mitgeschnitten. Hier ist Louises Antwort:

> *Der wahre Sinn der Spiegelarbeit besteht darin, uns selbst nicht mehr zu bewerten, sondern zu sehen, wer wir wirklich sind. Wenn du Spiegelarbeit beharrlich praktizierst, wirst du dir deines wahren Seins bewusst, ohne Urteilen, Kritisieren und Vergleichen. Du sagst zu dir: ›Hallo, ich bin heute ganz bei dir.‹ Du wirst dein bester Freund, deine beste Freundin.*

Louises Antwort erinnert mich an eine alte Sufi-Übung, die *Den Freund küssen* genannt wird. Mit dem Freund ist hier das unkonditionierte Selbst gemeint – der Seelenvogel, der aus reiner Liebe besteht und uns so sehr liebt. Bei dieser Übung bringen wir unser Ego – unser Selbstbild – zu dem Freund, dem Seelenvogel, und erfahren von ihm, dass wir liebenswert sind. Diese Begegnung wäscht alle Irrtümer bezüglich der eigenen Natur weg. Sie hilft uns, das Urteilen, Kritisieren und Vergleichen hinter uns zu lassen.

Wenn ich das Spiegel-Prinzip unterrichte, rezitiere ich das Gedicht »Liebe folgt der Liebe« von Derek Walcott[4]. Dieses wunderschöne Gedicht über die Selbstliebe befasst sich mit dem Drama zwischen der grundsätzlichen Wahrheit des unkonditionierten Selbst *(Ich bin liebenswert)* und der Grundangst des Ego *(Ich bin nicht liebenswert)*. Walcott beschreibt das unkonditionierte Selbst als den »Fremden, der dein Selbst war«, der »dich in- und auswendig kennt« und der »dich schon dein ganzes Leben lang liebt«. Er ermutigt uns, das Ego, das von Angst und Selbstzweifeln erfüllt ist, mit dem unkonditionierten Selbst Freundschaft schließen zu lassen. »Schäle dein eigenes Bild vom Spiegel ab«, schreibt er. »Sitze still. Feiere dein Leben.«

Louise ist einverstanden, Fragen aus der Gruppe zu beantworten. Die erste Frage befasst sich mit verbreiteten Fehlern, die bei der Spiegelarbeit gemacht werden. »*Keine* Spiegelarbeit zu machen ist der größte Fehler«, sagt Louise. »Viel zu viele Leute probieren die Spiegelarbeit gar nicht erst aus, weil sie glauben, sie könnte nicht funktionieren. Wer sich darauf einlässt, ist zunächst erschrocken über die viele Selbstkritik, die zutage tritt. »Aber die Mängel, die wir anfangs bei uns sehen, sind nicht die Wahrheit unseres Seins«, erläutert Louise. »Wenn wir bewerten und urteilen, sehen wir Mängel. Wenn wir lieben, sehen wir unser wahres Wesen.«

Bei der nächsten Frage geht es um verbreitete Blockaden, die bei der Spiegelarbeit auftreten. »Spiegelarbeit funktioniert nicht in der Theorie. Sie funktioniert nur in der Praxis«, sagt Louise. Mit anderen Worten, der Schlüssel liegt darin, wirklich zu üben und das beharrlich und regelmäßig zu tun. Als Louise gefragt wird, ob sie immer noch Tage hat, an denen es ihr schwerfällt, in den Spiegel zu schauen, erwidert sie: »Ja, und an diesen Tagen bleibe ich so lange vor dem Spiegel, bis ich mich besser fühle.« Wie sie sagt, geht sie nicht aus dem Haus, ehe sie sich nicht in einen liebevolleren Zustand versetzt hat, weil die Welt uns stets unser momentanes Selbstbild widerspiegelt.

Zum Abschluss stelle ich Louise noch eine letzte Frage. Ich möchte wissen, was sie als das größte Geschenk der Spiegelarbeit betrachtet. Sie antwortet, dass sie durch die Spiegelarbeit gelernt hat, sich selbst zu lieben. Und als sie vor fast 40 Jahren an Scheidenkrebs erkrankte, beschleunigte ihre Spiegelarbeit den Heilungsprozess. »Liebe ist die Wunderkur«, sagt sie. »Und wenn du dich selbst mehr liebst, läuft dein Leben in jeder Hinsicht besser.«

ÜBUNG 1

Lass dich vom Leben lieben

Louise und ich essen in einem ihrer Lieblingsrestaurants zu Abend dem Mister. A's. Wir genießen exzellentes Essen, einen erlesenen Burgunder und den Panoramablick auf San Diego. Ich bin zu einer weiteren Gesprächsrunde für dieses Buch aus London eingeflogen. Wir sind beide aufgeregt und dankbar, gemeinsam an diesem Projekt arbeiten zu dürfen. Während des Essens überreiche ich Louise ein Geschenk: einen silbernen Taschenspiegel mit der Aufschrift *Das Leben liebt dich.* Louise lächelt. Sie öffnet das Etui und schaut in den Spiegel. »Hallo, Lulu«, sagt sie laut. »Vergiss nie, dass das Leben dich liebt und das Beste für dich will. Alles ist gut.« Sie hält einen Moment inne und gibt mir den Spiegel. »Jetzt du, mein Lieber«, sagt sie augenzwinkernd.

Die erste spirituelle Übung, die Louise und ich für dich entwickelt haben, kombiniert Selbstliebe und Spiegelarbeit. Sie besteht aus zwei Teilen. Die Übung dauert nur 15 Minuten, und von den Vorzügen wirst du ein Leben lang profitieren. Als einzige Ausrüstung benötigst du einen Spiegel. Jeder Spiegel eignet sich. Poliere ihn gut, bevor du beginnst. Du wirst die wichtigste Person in deinem Leben treffen. Denke daran: Dein Verhältnis zu dieser Person (also zu dir selbst) beeinflusst deine Beziehung zu allem, was existiert.

Fangen wir an! Setze dich bequem hin. Schaue in den Spiegel. Atme tief ein. Sage zu dir:

Das Leben liebt dich (oder: *Das Leben liebt mich*).

Atme dann aus. Vergiss vor Aufregung nicht zu atmen! Wiederhole das zehnmal. Beobachte, wie du jedes Mal auf diesen Satz reagierst. Achte auf die drei Sprachen, in denen sich deine Reaktion äußern kann: Empfindungen (körperliche Botschaften), Gefühle (Herzgedanken) und Gedanken (geistige Kommentare).

Wir empfehlen dir, diese Reaktionen in einem Tagebuch zu notieren. Louise und ich haben es so gemacht, um unsere Fortschritte besser verfolgen zu können. Körperliche Empfindungen können Spannungsgefühle in der Herzgegend oder im Gesicht, ein Gefühl der Weichheit um die Augen oder eine beschwingte Leichtigkeit sein. Bei den Herzensgefühlen können Traurigkeit und Schmerz auftreten oder Hoffnung und Glücksempfinden. Zu den Gedanken gehören Kommentare wie diese: *Ich kann das nicht.* Oder: *Das funktioniert ja doch nicht.* Bewerte deine Reaktionen bitte nicht. Versuche auch nicht, positiv zu sein. Sei einfach aufrichtig.

Beachte, dass der Satz *Das Leben liebt dich* aus nur vier Wörtern besteht. Mehr nicht.

Wir neigen meist dazu, etwas gedanklich zu ergänzen. Doch es heißt nicht: *Das Leben liebt dich, weil ...* Zum Beispiel, *weil ich ein guter Mensch bin* oder *weil ich so fleißig bin* oder *weil ich gerade eine Gehaltserhöhung bekommen habe* oder *weil meine Fußballmannschaft gewonnen hat.* Und es heißt auch nicht: *Das Leben wird dich lieben, wenn ...* Zum Beispiel, *wenn ich fünf Kilo abnehme* oder *wenn ich mich vom Krebs befreie* oder *wenn ich eine Partnerin finde. Das Leben liebt dich* bedeutet bedingungslose Liebe.

Wenn du die Affirmation *Das Leben liebt dich* zehnmal ausgesprochen hast, laden wir dich ein, erneut in den Spiegel zu schauen und folgende Affirmation zu sagen: *Ich bin bereit, mich heute vom Leben lieben zu lassen.* Achte auch hierbei wieder auf deine Reaktionen. Atme schön ruhig und entspannt. Wiederhole diese Affirmation so lange, bis du angenehme körperliche Empfindungen verspürst, dir leicht ums Herz wird und sich glückliche Gedanken einstellen. Bereitschaft ist dafür der Schlüssel. Mit Bereitschaft sind alle Dinge möglich.

»Bitte ermutige die Menschen, bei dieser Übung sehr freundlich zu sich selbst zu sein«, sagt Louise, während ich mir Notizen für dieses Kapitel mache. »Ich weiß, dass wir bei der Spiegelarbeit anfangs oft mit viel innerer Negativität konfrontiert werden. Man muss sich seinen tief sitzenden Ängsten und seiner schlimmsten Selbstkritik stellen. Aber wenn man beharrlich weiter in den Spiegel blickt, fängt man an, hinter allen Urteilen, die man gewohnheitsmäßig über sich fällt, sein wahres Selbst zu erkennen.« Louise fährt fort: »Unsere Einstellung bei der Spiegelarbeit ist der Schlüssel zum Erfolg. Es ist wichtig, leicht und spielerisch an die Sache heranzugehen. Wenn es hilft, können es Übende statt Spiegelarbeit auch gern Spiegel*spiel* nennen.«

Louise und ich möchten, dass du diese spirituelle Übung täglich an sieben aufeinanderfolgenden Tagen machst. Und wir möchten, dass du gleich heute damit beginnst. Morgen wird es nicht einfacher sein als heute. »Ich weiß aus eigener Erfahrung, dass ich morgen die gleichen Ausreden benutzen werde wie heute«, meint Louise dazu. Vergiss nicht: Die Spiegelarbeit kann nur wirken, wenn du die Übung auch praktizierst. Es genügt nicht, sich nur theoretisch damit zu beschäftigen. Es ist nicht notwendig, dass du die Übung magst oder mit ihr einverstanden bist. Wir bitten dich nur, sie sieben Tage lang täglich zu machen. Du wirst feststellen, dass sie dir schon bald leichter fällt. Unbehagen und Widerstand werden verschwinden, wenn du mit Liebe und Offenheit an die Sache herangehst. Wenn du möchtest, lass dich bei der Übung von einem guten Freund, einem Therapeuten oder Coach unterstützen.

Das eigentliche Ziel dieser ersten spirituellen Übung ist, dir dabei zu helfen, dich bewusst für die Grundwahrheit *Ich bin liebenswert* zu öffnen. Wenn du dich liebenswert fühlst, erlebst du eine Welt, die dich liebt. Denke daran: Die Welt ist ein Spiegel. Ob du sagst *Ich liebe dich* oder *Die Welt liebt dich,* das macht kaum einen Unterschied. Es ist immer dieselbe Liebe. Wenn du zulässt, dass das Leben dich liebt, fühlst du dich liebenswert. Und wenn du dich liebenswert fühlst, lässt du zu, dass das Leben dich liebt. Jetzt bist du bereit dafür, das wahre Sein zu erfahren.

Noch ein Hinweis: Es geht bei dieser Übung nicht darum, dass du dich selbst liebenswert machst. Du *bist* bereits liebenswert. *Jetzt* bist du eine heilige Ausdrucksform der Liebe. Es geht auch nicht darum, dass du dich wertvoll machst. Du *bist* bereits wertvoll. Es geht nicht darum, sich selbst zu bessern, sondern sich zu akzeptieren. Es geht ebenfalls nicht darum, sich zu ändern, sondern die Meinung über sich selbst. Und es geht auch nicht darum, sich neu zu erfinden, sondern einfach das wahre Selbst viel mehr zu leben.

Wir beenden das 1. Kapitel mit einem von mir verfassten Gebet, das ich gerne an meine Seminarteilnehmer weitergebe. Es heißt *Liebesgebet*. Wir glauben, dass es den Geist der Liebe und Akzeptanz sehr schön zusammenfasst, um den es in diesem Kapitel geht.

* * *

Liebster/Liebste,
du kannst dein wahres Sein nicht erkennen,
wenn du dich verurteilst.
Die Wahrheit über dich entzieht sich jedem Urteil.
Lass also für einen süßen, heiligen Augenblick
alle Urteile hinter dir
und lass mich dir etwas Wunderbares zeigen.

* * *

Sieh, wie es ist, du selbst zu sein,
wenn du dich nicht mehr beurteilst und bewertest.
Das, worüber du urteilst, ist nur ein Bild.
Wenn du aufhörst zu urteilen,
wirst du dich selbst wieder kennenlernen.

* * *

In deinem Spiegel wird die Liebe erscheinen.
Um dich als deine Freundin zu begrüßen.
Denn du bist liebenswert.
Und du bist aus Liebe gemacht.

* * *

2. KAPITEL

Ja zum Leben sagen

Was wir heute sind,
entstammt unseren gestrigen Gedanken,
und unsere heutigen Gedanken
formen unser zukünftiges Leben.
DER BUDDHA

Meine Kinder Bo und Christopher lieben Louise Hay, und ich weiß, dass sie das Gleiche für die beiden empfindet. Es ist interessant, sie zusammen zu beobachten. Louise albert nicht mit ihnen herum, spielt keine Spiele mit ihnen. Sie behandelt Bo, die sechs Jahre alt ist, nicht als ein »großes Mädchen« oder »gutes Mädchen«, sondern als reales Mädchen. Christopher, drei Jahre alt, ist ein realer Junge. Und Louise ist alterslos, weiter nichts. Alles ist vollkommen natürlich. Die Art, wie sie miteinander umgehen, erinnert mich an Mary Poppins' Umgang mit Jane und Michael.

Als Christopher zum ersten Mal Louise begegnete, lief er zu ihr und rief: »Willst du meine Zähne sehen?« Louise dachte einen Moment über seinen Vorschlag nach und sagte: »Ja, gerne.« Christopher blickte zu ihr hoch und lächelte strahlend, sodass sie alle seine Zähne sehen konnte. »Danke«, sagte Louise. »Gern«, sagte Christopher. Das hat er bislang bei niemandem sonst gemacht. Anschließend fragte ich Louise nach der Bedeutung der Zähne. Auf ihre ruhige, nüchterne Art antwortete sie: »Zähne stehen für gute Entscheidungen. Er wollte mir einfach mitteilen, dass er weiß, was er will, und gute Entscheidungen treffen kann.«

Als wir Louise zum ersten Mal zu Hause besuchten, führte sie Bo im Haus herum. Als Erstes zeigte Louise ihr den großen runden Esstisch, den sie so bemalt hat, dass er wie ein wirbelndes Universum mit Galaxien und Sternen aussieht. »Ich möchte unseren Esstisch auch gerne bemalen, Papa«, sagte Bo zu mir. Dann zeigte Louise ihr das Ölbild eines Nilpferds, an dem sie gerade arbeitete. Das Bild heißt: »Oswald tanzt Rumba.« »Oswald ist ein glückliches Nilpferd«, sagte Louise. »Er denkt glückliche Gedanken, weil er weiß, dass sein Bewusstsein schöpferisch ist.« Im Garten zeigte Louise Bo, wie man Möhren und Rote Beete erntet. Außerdem ernteten sie gemeinsam Kohl und Zuckererbsen. Jetzt haben wir zu Hause auch einen Gemüsegarten.

Das erste Armband, das Bo selbst angefertigt hat, bekam Louise. Sie wählte die Perlen selbst aus, und von Anfang an stand für sie fest, dass es ein Geschenk für Louise werden sollte. Ab und zu schickt mir Louise eine E-Mail mit dem Satz: »Sag Bo, dass ich heute ihr Armband trage.« Eine meiner Lieblings-E-Mails von Louise bekamen wir, ein paar Tage nachdem wir sie mit der ganzen Familie besucht hatten: »Sag Christopher, dass ich immer noch seinen kleinen Handabdruck auf meinem Schlafzimmerfenster habe. Eines Tages werde ich ihn abwaschen, aber jetzt noch nicht.«

Zu unseren Frühstücksritualen zu Hause in London gehört die tägliche Affirmation aus Louises Kalender *I Can Do It*[1]. Bo liest am Morgen und abends vor dem Einschlafen gerne Geschichten. Zu ihren Lieblingsbüchern gehören zwei Kinderbücher von Louise Hay: Das eine heißt *Ich bin, was ich denke!*[2] Darin wird den Kindern die Macht der Affirmationen vermittelt. Das andere heißt *Lulu und die kleine Ameise.*[3] Die Abenteuergeschichten mit der kleinen Lulu helfen Kindern, Selbstvertrauen zu entwickeln und kreativ zu sein. *(Anmerkung d. Übers.:* Auf Deutsch sind außerdem *Lulu und Mimmi* und *Lulu und die Ente Willy* erschienen.)[4, 5]

»Lulu ist das Mädchen, das ich in meiner Kindheit gerne gewesen wäre«, sagt Louise zu diesen Büchern. »Sie weiß, dass sie liebenswert ist und dass das Leben sie liebt.« Lulu und Bo sind etwa im gleichen Alter und beide blond. Beide haben einen kleinen Bruder. Manchmal fürchten sie sich. Manchmal erleben sie etwas Schmerzhaftes oder Trauriges. Und das Leben lehrt sie, auf ihr Herz zu hören und mutig zu sein. In einem von Lulus Liedern gibt es folgenden Vers:

Du kannst sein, was du sein willst,
du kannst tun, was du tun willst,
du kannst mutig du selbst sein,
denn das Leben lässt dich nie allein.

Einmal sprachen Bo und ich über Louise, und Bo stellte mir eine Menge Fragen. »Warum magst du Louise Hay so?«, fragte ich sie. Bo lächelte und sagte: »Ich mag die Art, wie sie denkt.«

Lass deine Intelligenz hell strahlen!

»Ich habe die Highschool abgebrochen«, erzählt Louise. »Man sagte mir, ich sei nicht sehr klug, und das sagte ich dann auch zu mir selbst.«

»Wie würdest du beschreiben, was du als Schülerin erlebt hast?«, frage ich sie.

»Es war furchtbar. Ich war sehr gehemmt und schüchtern. Ich besaß kein Selbstvertrauen und hatte keine Freunde.«

»Warum nicht?«

»Bei meinen Eltern war das Geld ständig knapp. Ich hatte nie etwas Schönes zum Anziehen. Mein Stiefvater schnitt mir die Haare, und dieser Haarschnitt sah schrecklich aus. Ich musste rohen Knoblauch essen, weil das angeblich Würmer fernhielt. Es hielt aber auch die anderen Kinder von mir fern.«

»Wie kamst du mit den Lehrern klar?«

»Meine Lehrer befanden sich auf einer anderen Wellenlänge als ich«, sagt Louise.

Welchem Zweck dient die Schule? Meine Schulzeit war eine verwirrende Erfahrung. Ich erinnere mich an furchteinflößende alte Lehrer, schreckliche Algebrastunden, Prügelstrafen, sehr kurze Pausen und daran, dass es mittags ständig Pudding gab. Konnte man diesen Milchpudding überhaupt als Essen bezeichnen? In meinen Zeugnissen hieß es, ich sei ein höflicher Junge mit Potenzial gewesen. Potenzial wofür? Das wurde mir in der Schule nicht vermittelt. Ich erinnere mich, dass mir einmal ein Lehrer vorwarf, unoriginell zu sein. »Holden, seien Sie originell!«, schrie er. Das empfand ich als sehr verletzend.

»Ich konnte es kaum erwarten, endlich die Schule hinter mir zu lassen«, sagt Louise nachdrücklich.

»Das überrascht mich«, entgegne ich. »Schließlich bist du mein Vorbild für lebenslanges Lernen. Denn mir scheint, du bist immer offen für Neues.«

»Ich begriff nicht, wozu ich auswendig lernen musste, wann irgendwelche Schlachten stattfanden oder warum ich mich mit der industriellen Revolution oder Politikgeschichte herumplagen sollte.«

»Wie lief es denn mit den Prüfungen?«, frage ich.

»Ich fiel bei den meisten Prüfungen durch«, antwortet Louise.

Lehrstoff ohne Seele – so beschreibe ich meine Schulbildung. Die Lehrpläne beruhten auf einer sehr engen Definition von Intelligenz. Es ging ausschließlich um den Verstand. Der ganze

Unterricht war sehr »kopflastig«. Wir befassten uns mit Logik und Analyse. Wir paukten und rezitierten Fakten und Zahlen. Der Intelligenz des Herzens und dem Finden der eigenen inneren Stimme wurde kaum Aufmerksamkeit gewidmet. Wie Louise war ich nicht sehr akademisch veranlagt. So förderte die Schule alle meine Schwächen, jedoch keine meiner Stärken zutage.

»Es besteht ein betrüblicher Kontrast zwischen der strahlenden Intelligenz eines gesunden Kindes und der Denkschwäche des durchschnittlichen Erwachsenen«, beobachtete Sigmund Freud. Wir alle werden mit einer strahlenden Intelligenz geschaffen. Das Bestreben zu wachsen und zu lernen, ist Teil unserer spirituellen DNA. Psychologische Studien zeigen, dass Kinder ab einem Alter von drei Jahren pro Tag bis zu 390 Fragen stellen. Alle Eltern können das bestätigen. Kinder lieben es zu lernen, und entweder werden sie von den Erwachsenen darin bestärkt und ermutigt, oder man raubt ihnen die Freude daran.

Mädchen und Jungen brauchen eine gute Fee, die sie in ihrer Freude am Lernen bestärkt. Das können Mutter oder Vater sein, ein wundervoller Lehrer oder vielleicht eine exzentrische Tante. Vielleicht übernimmt aber auch ein Musikinstrument, ein Pony oder eine andere große Leidenschaft die Rolle der guten Fee. »Als Kind liebte ich das Zeichnen und Malen«, erinnert sich Louise. »Und ich las stundenlang. Märchen mochte ich besonders. Meine Fantasie war für mich ein sicherer Ort, an dem ich wundervolle Dinge erleben konnte.«

Ich fand meine Liebe zum Lernen wieder, als ich Psychologie und Philosophie studierte. Aus einem schlechten Schüler wurde ein sehr guter Student, der seine Prüfungen mit Auszeichnung bestand. Wie war das möglich? Der Unterschied bestand darin, dass ich mir meine Fächer selbst aussuchen konnte. Endlich konnte ich auf Gebieten etwas lernen, die mich wirklich interessierten. Ich lernte nicht einfach für die Karriere und ein gutes Einkommen. Ich folgte einer Leidenschaft. Und ich fand meine Stimme.

Die Möglichkeiten sehen

Louise und ich essen bei ihr zu Hause zu Abend. Wir sitzen an dem großen runden Tisch mit dem wirbelnden Universum voller Galaxien und Sterne. Wir sprechen darüber, dass die Welt nicht so materiell ist, wie sie aussieht, sondern dass sie in Wirklichkeit ein Geisteszustand ist. Ich halte einen Stift in der Hand, und wir entwerfen einen Lehrplan *mit* Seele – eine Liste der Dinge, von denen wir uns wünschen, dass man sie uns in der Kindheit beigebracht hätte. Die Liste umfasst bis jetzt Selbstakzeptanz, Liebe, Meditation, gesunde Ernährung, wahres Glück, Vergebung, Fantasie und Kreativität.

»Angenommen, du könntest allen Kindern dieser Welt eine Unterrichtsstunde geben. Wie würde sie aussehen?«, frage ich. »Wie wundervoll!«, sagt Louise. Sie lässt sich einen Moment Zeit, spielt gedanklich mit den Möglichkeiten. Als ich spüre, dass sie bereit ist, frage ich, wie sie diese Unterrichtsstunde nennen würde. »Wie du mit deinem Bewusstsein Freundschaft schließen kannst«, sagt sie und strahlt.

»Und wie würdest du beginnen?«, frage ich.

»Natürlich mit Spiegelarbeit«, antwortet sie. »Und alle Lehrer und Eltern müssten auch daran teilnehmen.«

»Was würdest du in der Stunde unterrichten?«

»Wir würden zu Beginn in den Spiegel schauen und affirmieren: *Das Leben liebt dich.* Und dann würden wir zu unserem Spiegelbild sagen: *Ich liebe dich. Ich liebe dich wirklich.*«

»Ich liebe dich. Ich liebe dich wirklich«, wiederhole ich die Affirmation.

»Außerdem würden wir sagen: *Mein Bewusstsein ist sehr kreativ, und ich entscheide mich dafür, heute liebevolle und glückliche Gedanken zu denken*«.

»Das ist wunderschön.«

»Wenn wir uns selbst lieben, ist es ganz normal und natürlich für uns, schöne Gedanken zu denken.«

Die meisten unserer Gedanken sind nicht wirklich unsere eigenen. Vielmehr handelt es sich um ein Geplapper aus Vorurteilen, Kritik, Zweifeln und anderen Bemerkungen, die wir größtenteils von anderen Menschen übernommen haben. Diese sogenannten Gedanken stammen nicht aus dem ursprünglichen Bewusstsein unseres unkonditionierten Selbst, sondern aus einem Selbstbild, das von der Grundangst getrieben ist, nicht liebenswert zu sein. Diese Grundangst ist nicht natürlich, sondern wird erlernt. Alle unsere Neurosen gehen auf sie zurück.

»Kleine Kinder kennen keine Selbstkritik«, sagt Louise.

Das ist wahr. Kannst du dir ein Neugeborenes vorstellen, das seine Falten nicht mag? Babys fühlen sich niemals minderwertig.

Offensichtlich kommen sie nicht auf die Idee, sie selbst oder andere wären nicht gut genug, nicht niedlich genug, nicht klug oder nicht erfolgreich genug. Babys sind frei von Groll oder Verbitterung. Im Gegenteil, es ist verblüffend, wie rasch ihre Tränen trocknen und wie schnell sie wieder guter Dinge sind. Babys sind nicht pessimistisch. Sie fürchten sich nicht vor der Zukunft. Sie leben noch im ursprünglichen Bewusstsein und sind offen für alle positiven Möglichkeiten.

In ihrem ursprünglichen Bewusstsein spiegelt sich die Grundwahrheit *Ich bin liebenswert.* Dieser Bewusstseinszustand ist Liebe – eine strahlende Intelligenz, in der es keine von der Grundangst beherrschte Psyche gibt, nicht liebenswert zu sein. Louise und ich schätzen und respektieren den Autor Michael Neill sehr. Er vermittelt den Menschen konstruktives Denken. »Man ist in jedem Augenblick entweder im Denken oder in der Liebe«, sagt er. Mit anderen Worten, entweder du stimmst dich auf die Psychologie eines künstlichen Selbstbildes ein oder auf die reine Bewusstheit des unkonditionierten Selbst.

Den Bewusstseinszustand des unkonditionierten Selbst nennt Louise die *Gesamtheit aller Möglichkeiten.* »Diese Bezeichnung habe ich von meinem einstigen Lehrer Eric Pace übernommen«, sagt Louise. »Eric lernte ich in New York in der Kirche der Religiösen Wissenschaft kennen, als ich Mitte 40 war. Ich hatte gerade eine Scheidung hinter mir. Damals glaubte ich nicht daran, liebenswert zu sein und vom Leben geliebt zu werden. Eric vermittelte mir, dass ich mein Leben ändern kann, indem ich mein Denken ändere. Jedes Mal, wenn wir eine Einschränkung hinter uns lassen – ein Urteil, eine Kritik, eine Angst, einen Zweifel –, öffnen wir uns für die Gesamtheit aller Möglichkeiten, die innerhalb der unendlichen Intelligenz unseres ursprünglichen Bewusstseins existiert.«

Und wie kommen wir wieder in Kontakt zu unserem ursprünglichen Bewusstsein? In meinem Schulungsprogramm *Loveability* gibt es eine wunderbare Selbstbefragung. Wenn du sie ausprobieren möchtest, musst du dir nur etwas Stille verschaffen wie für eine kurze Meditation:

Entspanne den Körper, lege eine Hand auf das Herz und beruhige die Gedanken. Stell dir dann die folgende Frage: *Wie wäre es, einfach ich selbst zu sein, ganz ohne mich zu bewerten und zu beurteilen?* Wiederhole diese Frage 15 Minuten lang einmal pro Minute. Mit etwas Übung wirst du dabei einen deutlichen Kontakt zur liebevollen Bewusstheit deines ursprünglichen Geistes herstellen.

Kürzlich brachte ich die Methode der Selbstbefragung während eines *Loveability*-Seminars Amanda bei, einer der Teilnehmerinnen. Ihre erste Antwort auf die Frage *Wie wäre es, einfach ich selbst zu sein, ganz ohne mich zu bewerten und zu beurteilen?* lautete: »Ich kann mich nicht erinnern, mich jemals nicht beurteilt zu haben.« So fühlen wir uns, wenn wir die Grundwahrheit, dass wir alle liebenswert sind, vergessen haben. Doch schnell öffnete sich Amanda. Am Ende der Befragungsübung fühlte sie sich, wie sie sagte, »himmlisch«. Als Amanda der Gruppe von ihrer Erfahrung berichtete, sagte sie: »Ich hatte keine Ahnung, dass es sich so gut anfühlen könnte, ich selbst zu sein.«

Im Anschluss an die Befragung empfehle ich die folgende einfache Übung. Vervollständige fünfmal hintereinander diesen Satz: *Wenn ich mich selbst weniger kritisiere und bewerte, werde ich* … Lass die Antworten einfach kommen, ohne Zensur und Wertung. Spüre die Gesamtheit deiner Möglichkeiten! Und lass dich von deinem wahren, ursprünglichen Sein inspirieren und leiten.

Psychologische Leiden

Eine der lehrreichsten Veranstaltungen während meines Studiums fand im ersten Jahr an der Birmingham City University statt. Es handelte sich um eine Gastvorlesung von Dr. Anderson. Der Name dieser Vorlesung sorgte für große Aufmerksamkeit: »Glauben Sie tatsächlich, dass eine Reifenpanne bei Ihnen Kopfschmerzen auslösen kann?« Äußerlich glich Dr. Anderson dem Schauspieler Dick Van Dyke. Er strahlte Glück und Lebensfreude aus, und wir mochten ihn auf Anhieb.

Dr. Anderson gab einen kurzen Abriss der kognitiven Psychologie. Er erwähnte Aaron Beck und Albert Ellis, die als Pioniere auf diesem Gebiet galten, und sprach über die gerade sehr populäre kognitive Verhaltenstherapie. Er legte aber großen Wert darauf, dass die kognitive Psychologie keinesfalls neu sei. »Gestatten Sie mir, Ihnen einen der Väter der kognitiven Psychologie vorzustellen«, sagte er und wedelte mit einem kleinen Buch. Er sagte uns, dieses Buch enthielte jahrtausendealte Weisheiten. »Wenn ich darf, möchte ich Ihnen gerne die erste Zeile dieses mächtigen Werkes vorlesen«, sagte er und blätterte in der Einleitung.

Hier ist die Stelle, die Dr. Anderson uns vorlas:

Was wir heute sind, entstammt unseren
gestrigen Gedanken, und unsere heutigen Gedanken
formen unser zukünftiges Leben.
Unser Leben ist eine Schöpfung unseres Geistes.

Dr. Anderson blickte auf, breitete die Arme aus und streckte sie uns entgegen wie ein Dirigent, der am Ende eines Konzerts den Applaus empfängt. Mit sichtlicher Freude sagte er: »Soeben habe ich Ihnen das Geheimnis der Schöpfung verkündet.« Niemand unter den Studenten applaudierte, aber unsere Aufmerksamkeit hatte Dr. Anderson zweifellos geweckt. Bei dem Buch, aus dem er vorgelesen hatte, handelte es sich um das *Dhammapada*[6], eine Sammlung von Aussprüchen des Buddha.

»Wenn Sie wirklich und ernsthaft glauben, dass Sie durch eine Reifenpanne Kopfschmerzen bekommen können, heben Sie bitte die Hand«, fuhr Dr. Anderson fort. Alle zeigten auf. »Falsche Antwort!«, sagte er nachdrücklich. »Aber natürlich kann so etwas Kopfschmerzen auslösen«, protestierten wir. »Und wie?«, fragte er und argumentierte, es gäbe nur einen Weg, wie ein geplatzter Reifen uns Kopfschmerzen bereiten könnte, wenn nämlich der Reifen sich von der Felge löse, gegen einen Baum pralle und uns von dort an den Kopf flöge. »Wie ärgerlich!«, sagte ein Student, dem die Richtung missfiel, die diese Vorlesung nahm.

Dr. Anderson sagte: »Heben Sie die Hand, wenn Sie wirklich und ernsthaft glauben, eine Vorlesung könnte Sie verärgern.«

Wie erleben Sie die Welt? Das war die Frage, die Dr. Anderson uns eigentlich stellte. Würdest du dir alle Erfahrungen, die du im Leben gemacht habst, genau anschauen, würdest du erkennen, dass die Erfahrung sich aus einem Ereignis oder Geschehen *und* deinen Gedanken darüber zusammensetzt. Das Leben besteht aus Ereignissen und deinen Gedanken über diese Ereignisse. »Als bei mir Krebs diagnostiziert wurde«, sagt Louise, »musste ich zuallererst meine Gedanken über den Krebs behandeln. Ich musste erst meine Gedanken heilen, um dann den Krebs mutig, weise und liebevoll behandeln zu können.«

Auf deine Gedanken kommt es an. Du erlebst dein Leben auf einzigartige Weise, denn nur du selbst erlebst deine Gedanken. Deshalb verhalten sich Menschen in einer vergleichbaren Situation sehr unterschiedlich. Hier ist ein gutes Beispiel dafür: Nach einem Besuch bei Louise flog ich mit British Airways zurück nach London. Während des Fluges durchquerten wir heftige Turbulenzen. Ununterbrochen ging das so, fast 90 Minuten lang. Alle Passagiere erlebten die Turbulenzen, aber jeder auf seine Weise. Eine Dame schrie wieder und wieder: »Ich will nicht sterben!« Man musste ihr ein Beruhigungsmittel verabreichen. Ein paar Sitze weiter amüsierten zwei Jungen sich königlich über jedes Luftloch. Die Schaukelei machte ihnen sichtlich Spaß. Und dann war da dieser Engländer, der mit geschlossenen Augen dasaß, tief atmete und sich sagte: *Das Leben liebt uns,* und: *Alles ist gut.*

Gedanken sind nicht real. Ich bringe meine Tochter Bo zur Schule, was ungefähr 30 Minuten dauert, je nachdem wie viel Verkehr ist. Unterwegs unterhalten wir uns. Bo geht gern zur Schule, wenn ich sie absetze, fällt ihr aber der Abschied schwer. »Ich weiß, dass es nur meine Gedanken sind, Papa«, sagte sie einmal. »Sei nett zu diesen Gedanken. Lass sie wissen, dass du okay bist«, schlug ich vor. Bo schwieg einen Moment, dann stellte sie eine Frage – eine von etwa 390 pro Tag. Diese lautete: »Woraus sind Gedanken gemacht?« Eine großartige Frage! Wenn uns klar wird, dass Gedanken nur Ideen sind – eine Version der Realität, aber nicht die Realität selbst –, erleben wir das Leben auf ganz andere Weise.

Du kannst deine Gedanken bewusst wählen. Eines Tages machte ich mit Louise einen Spaziergang. Wir gingen auf einem Wanderweg, nicht weit von Louises Zuhause entfernt. Große Eukalyptusbäume spendeten uns Schatten. Wir sprachen über das Prinzip, *dass wir unsere Gedanken selbst wählen können.* »Was genau bedeutet dieses Prinzip?«, fragte ich Louise. Sie antwortete: »Es bedeutet, dass Gedanken nur die Macht haben, die wir ihnen geben.« Gedanken sind einfach nur Ideen – Möglichkeiten in unserem Bewusstsein. Sie sind nur dann groß oder mächtig, wenn wir uns mit ihnen identifizieren. »In unserem Geist sind wir selbst der einzige Denker. Wir allein entscheiden, ob ein Gedanke wahr ist oder nicht«, sagt Louise.

Es gibt ein Louise-Hay-Prinzip, das ich besonders mag: *Wir haben es immer nur mit Gedanken zu tun, und Gedanken kann man ändern.* Wenn wir leiden, geschieht das fast immer, weil wir auf unsere Gedanken bezüglich einer Erfahrung reagieren. Der Schmerz ist selbst gemacht. Er ist ein Signal, dass wir aufgrund eines psychologischen Vorgangs leiden. Den Ausweg aus dem Leiden finden wir, indem wir Freundschaft mit unserem Bewusstsein schließen und uns daran erinnern, dass wir selbst die Denker unserer Gedanken sind. Glücklichsein ist immer nur ein Gedanke weit entfernt. Zum Beispiel:

Wenn dein dreijähriger Sohn die Autoschlüssel zum zweiten Mal in die Toilette wirft, um das Gesicht zu sehen, dass du dann machst, kannst du wütend werden oder einen höheren Gedanken wählen.

Wenn deine sechsjährige Tochter fragt, ob sie das Hochzeitskleid ihrer Mutter anziehen darf, kannst du vernünftig sein und Nein sagen. Oder du entscheidest dich dafür, die Gelegenheit für ein wundervolles Foto zu nutzen.

Wenn deine Frau den 1989er-Lieblings-Bordeaux in die Spaghettisauce gießt, könnte das Anlass für eine Ehekrise sein. Oder du entscheidest dich stattdessen bewusst für Frieden.

Wenn der Computer abstürzt, während du gerade an einem Kapitel für das neue Buch schreibst, kannst du aus Rache zum Atheisten werden, oder du bittest einfach um Hilfe und Führung.

Wenn etwas nicht so läuft, wie du es erwartest, kannst du denken: Die Welt ist gegen mich. Oder du entscheidest dich, stets das Gute darin zu suchen und zu finden.

Selbstbefragung setzt Kräfte frei

Ich sollte einen Artikel für eine überregionale Zeitung schreiben, aber es lief gar nicht gut. Der Redakteur hatte gesagt: »Tausend Wörter und diese am liebsten schon gestern!« Ich saß seit über zwei Stunden am Computer und starrte immer noch auf den leeren Bildschirm. Ich hatte bereits über tausend Wörter geschrieben, aber keines davon war wirklich gut. Jedenfalls sagte das die Stimme in meinem Kopf – diese Stimme, die immer etwas an meinen Texten auszusetzen hatte, war mir wohlvertraut. Sie äußerte sich stets unfreundlich. Sie fühlte sich kalt und schneidend an. Es war die Stimme meines inneren Kritikers.

Mein innerer Kritiker hatte an diesem Morgen die volle Kontrolle über meinen Schreibprozess. Ich hatte eine klare Vorstellung davon, was ich schreiben wollte, aber ich kam nicht über die erste Zeile hinaus. Alles, was ich schrieb, wurde von meinem inneren Kritiker als *nicht gut genug* oder *nicht originell genug* bewertet. Immer wieder versuchte ich einen innerlichen »Reset«: Tief Luft holen. Einen Schluck Kaffee trinken. Eine inspirierende Affirmation rezitieren. Doch nichts half. Ich hatte bereits den halben Vormittag vergeudet. Es war zum Haareraufen! Ich raufte sie mir allerdings nicht, denn das hatte ich vorher schon probiert, und es funktionierte auch nicht. Jedenfalls nicht bei mir.

Ich dachte schon, meine Karriere als Autor sei zu Ende, als mich eine plötzliche Erkenntnis überkam. Eine andere Stimme meldete sich in meinem Kopf zu Wort. Diese Stimme klang sanft und warmherzig. Freundlich sagte sie zu mir: »Dein innerer

Kritiker hat noch nie etwas veröffentlicht.« »Was?«, stöhnte ich. »Könnte das wahr sein?« Offensichtlich war es das. Mein innerer Kritiker – die Stimme, die mir an diesem Morgen ständig sagte, wie ich meinen Artikel *nicht* schreiben sollte – hatte tatsächlich noch nie etwas veröffentlicht.

Jahrelang hatte ich folgsam auf meinen inneren Kritiker gehört, war aber nie auf die Idee gekommen, seine Qualifikation zu überprüfen. Ich war einfach davon ausgegangen, dass er die Wahrheit sagte und wusste, was er tat. Aber in der Tat hatte mein innerer Kritiker noch nie ein Buch geschrieben. Er hatte noch nicht einmal einen eigenen Blog. Kein Wunder also, dass er mir nicht erklären konnte, wie man schreibt. Wow! Eine Woge der Erleichterung durchströmte meinen Körper. Ich wusste, dass ich meine Aufmerksamkeit auf diese andere Stimme richten musste, die mir zu dieser verblüffenden Erkenntnis verholfen hatte. »Was soll ich denn jetzt tun?«, fragte ich die freundliche Stimme. »Sage deinem inneren Kritiker, dass er sich entspannen und einen Tag freinehmen soll«, antwortete die Stimme. Genau das tat ich, und von diesem Moment an schrieb ich flüssig meinen Artikel.

»Bewusstheit ist der erste Schritt zur Veränderung«, sagt Louise. »Solange dir nicht bewusst ist, was du dir selbst antust, kannst du nichts verändern.« Als ich an diesem Morgen an meinem Computer saß, öffnete ich mich für eine neue Bewusstheit. Ich begriff, was ich mir selbst antat.

Diese plötzliche Erkenntnis, die man in der emotionalen Intelligenz-Theorie *die magische Viertelsekunde* nennt, genügte, um in mir ein Muster der Selbstkritik zu beenden, das so alt war wie ich. Der innere Kritiker äußert noch immer hier und da seine Meinung zu dem, was ich schreibe, aber dank meiner neuen Bewusstheit weiß ich, was dann zu tun ist.

Im Zentrum meiner Arbeit steht die Selbstbefragung. Ich vermittle den Menschen, wie sie durch Selbstbefragung zu einer größeren Selbstbewusstheit gelangen können und dadurch letztlich glücklicher werden. Ich bin fest überzeugt, dass die meisten Menschen nicht noch mehr Therapie brauchen; sie brauchen mehr Klarheit. Mit anderen Worten, die Essenz deines Seins – dein unkonditioniertes Selbst – benötigt keine Korrektur oder Heilung, denn es ist vollkommen heil und unversehrt. Wenn du leidest, hat das psychologische Ursachen. »Sogar Selbsthass ist nur ein Gedanke, und wie jeder Gedanke kann man ihn verändern«, sagt Louise. Eine größere Selbstbewusstheit verhilft dir zu mehr Wahlmöglichkeiten.

Wer hat euch beigebracht, wie ihr denkt? Diese Frage stelle ich in meinen Seminaren. Die meisten Menschen haben darüber noch nie nachgedacht. Wir hinterfragen unser Denken nicht wirklich. »Kinder lernen durch Nachahmung«, sagt Louise. In ihrem Buch *Gesundheit für Körper und Seele* schrieb sie:[7]

> *Wenn uns als Kind beigebracht wurde, dass die Welt ein gefährlicher Ort ist, dann werden wir alles, was wir hören und was zu dieser Überzeugung passt, als Wahrheit akzeptieren. Dasselbe trifft zu auf: »Vertraue keinem Fremden«, »Gehe abends nicht aus dem Haus« oder: »Man wird doch immer nur belogen und betrogen.«*

Hätten wir andererseits in frühen Jahren gelernt, dass die Welt ein sicherer Ort ist, dann hätten wir andere Überzeugungen. Wir könnten leicht akzeptieren, dass es überall Zuneigung gibt, dass die Menschen freundlich sind und ich immer mit allem versorgt bin, was ich benötige.

Ohne Selbstbewusstheit, die dich in die Lage versetzt, deine Gedanken zu hinterfragen, kannst du deinen Geist nicht weiterentwickeln. Im schlimmsten Fall läufst du mit einem Bewusstsein aus zweiter Hand herum, das du ungeprüft von den Eltern oder anderen Bezugspersonen übernommen hast, und benutzt immer noch ein veraltetes Betriebssystem – Bewusstsein 5.0 –, bei dem es sich um das Bewusstsein aus jener Zeit handelt, als du fünf Jahre alt warst. Das, was du *mein Bewusstsein* nennst, ist gar nicht wirklich deines und zudem hoffnungslos überholt. Solange du das nicht erkennst, wird dein Leben angefüllt mit vertrauten Mustern sein, und nichts wird sich ändern, sosehr du dich auch bemühst.

Eine andere ausgezeichnete Frage, die du dir stellen kannst, lautet: *Wer denkt eigentlich »meine« Gedanken?* Hierbei solltest du zwei Ebenen betrachten. Erstens solltest du untersuchen, ob die Gedanken, die du bei dir beobachtest, wirklich die eigenen sind oder die einer anderen Person. Ist zum Beispiel Selbstkritik ein in deiner Familie übliches Verhaltensmuster? Spiegelt sich in der Selbstkritik die Selbstkritik deiner Mutter oder die Art und Weise, wie du von ihr kritisiert wurdest? Spiegeln sich in deinen Selbstvorwürfen die Selbstvorwürfe deines Vaters oder die Vorwürfe, die er dir machte? Spiegeln sich in deiner Lebensphilosophie die Moralvorstellungen der Familie? Es ist gut, wenn du dir bewusst wirst, welchen Vorbildern du folgst. Es ist auch gut zu wissen, dass du deine Gedanken frei wählen kannst.

Auf der zweiten Ebene der Frage *Wer denkt eigentlich »meine« Gedanken?* geht es dann richtig zur Sache, denn jetzt beobachtest du, ob der Gedanke a) die Grundwahrheit *Ich bin liebenswert* widerspiegelt, also das ursprüngliche Bewusstsein des unkonditionierten Selbst. Oder spiegelt er b) die Grundangst *Ich bin nicht liebenswert* wider, bei der es sich um die Psychologie des *unwahren* Selbstbildes handelt. Mit anderen Worten, ist dieser Gedanke ein Seelen-Gedanke oder ein Ego-Gedanke? *Welches »Ich« denkt diesen Gedanken?* Schauen wir uns einige Beispiele an:

»Ich weiß es nicht«: Wenn du das zu dir selbst sagst, meinst du das wirklich oder möchtest du eigentlich sagen: Ich glaube, es nicht zu wissen? Das macht einen enormen Unterschied. »Jedes Mal, wenn du sagst, ›Ich weiß es nicht‹, verschließt du der inneren Weisheit die Tür«, sagt Louise. »Wenn du dagegen zu dir sagst: ›Ich bin bereit, es zu wissen‹, öffnest du dich für die Weisheit des höheren Selbst und somit für seine Hilfe und Unterstützung.«

»Ich bin nicht bereit«: Wenn du dich das sagen hörst, spricht dann die Seele oder das Ego? Viele von uns denken diesen Gedanken, wenn eine Veränderung, etwas Neues bevorsteht, etwa eine Heirat, Nachwuchs, eine Geschäftsgründung, das Schreiben eines Buches oder eine öffentliche Rede. Ist es wirklich wahr, dass du nicht bereit bist? Wenn ja,

bitte um zusätzliche Hilfe. Wenn nicht, sage dem Ego, dass es sich entspannen und der Seele die Führung überlassen soll.

»Ich bin zu alt«: Wir bringen unser Leben damit zu, immer wieder zu denken: Ich bin nicht bereit, doch eines Tages ändert sich das. Nun denken wir: Ich bin zu alt. Wer sagt das? Spielt das Alter für deine Seele überhaupt eine Rolle? Bist du wirklich zu alt, oder geht es darum, dass du dich minderwertig fühlst oder dich von Ängsten einengen lässt? Wenn du dein Denken beobachtest, ohne zu werten, erkennst du, was es mit einem Gedanken wirklich auf sich hat.

»Das kann ich nicht«: Louise sagt: »Ein Gedanke ist einfach nur eine Idee. Und du denkst entweder mit dem Bewusstsein der Seele oder mit dem Bewusstsein des Egos.« Zu einem meiner Lieblingskapitel in Louises Buch Gesundheit für Körper und Seele gehört: »Ist es wirklich wahr?« Wenn du dieses Kapitel noch nicht kennst, solltest du es unbedingt lesen. Und wenn du es schon gelesen hast, lies es noch einmal. Jede nicht hinterfragte Angst ist zu 100 Prozent wahr, solange du ihr nicht auf den Grund gehst.

ÜBUNG 2

10 Punkte

Louise und ich essen in La Jolla, das ein paar Meilen nördlich von San Diego liegt, in der Torrey Pines Lodge zu Mittag. Von unserem Tisch kann man den Golfplatz von Torrey Pines sehen, der zu den schönsten öffentlichen Golfplätzen der Welt gehört. 2008 fanden dort die U. S. Open statt. Louise weiß, wie sehr ich den Golfsport liebe und wie aufregend ich es finde, hier zu sein. Ich sage, ich werde Reid Tracy, dem Verlagsleiter von Hay House, vorschlagen, die jährliche Hay-House-Golfmeisterschaft dieses Jahr in Torrey Pines zu veranstalten. »Alles ist möglich«, sagt Louise lächelnd.

Wir haben den ganzen Morgen darüber gesprochen, wie unser Bewusstsein unsere Wahrnehmung der Welt beeinflusst. »Golf ist auf jeden Fall ein Spiel, bei dem es auf unser Bewusstsein ankommt«, sage ich zu Louise. »Das trifft auf alles zu, was wir tun«, erwidert sie. Ich erzähle ihr von einem Golfturnier in St. Enodoc in Cornwall, an dem ich kürzlich teilnahm. Ich bin Mitglied des dortigen Golfklubs. Wie Torrey Pines liegt auch dieser Golfplatz am Meer, und wenn es windig ist, kann es sehr schwierig sein, sowohl den Golfball als auch den eigenen Geist unter Kontrolle zu halten.

In dieser Runde spielte ich mit jemandem, der 120 Schläge benötigte, 30 mehr als üblich. Sein Spiel fing bereits schlecht an und wurde dann zusehends noch schlechter. Ich beobachtete, wie sein innerer Kritiker immer mehr die Kontrolle übernahm. Schließlich war er nicht mehr in der Lage, seinen inneren Dialog für sich zu behalten. Nach jedem Schlag schrie er: »Ich bin so dämlich!« oder etwas in der Art.

»Das ist eine Affirmation«, sagt Louise. Sein Denken war wie eine Falle, aus der er sich nicht befreien konnte. »Wenn du nicht weißt, wie du dein Denken verändern kannst, wirst du auch deine Erfahrungen nicht verändern«, sagt Louise zu mir und klingt wie ein echter Golfprofi.

Später am Nachmittag setzen wir unser Gespräch über die Fähigkeit, unser Denken zu verändern, fort.

»Ich verändere das Leben von niemandem«, sagt Louise. »Nur wir selbst können unser Leben verändern.«

»Was tust du dann?«, frage ich.

»Ich bringe den Menschen bei, dass unser Geist sehr kreativ ist und dass sich unser Leben ändert, wenn wir unser Denken verändern.«

»Du bringst den Menschen also bei, wie man denkt.«

»Solange ihnen niemand erklärt, welche Verbindung zwischen den äußeren Erfahrungen und den inneren Gedanken besteht, werden sie immer ein Opfer des Lebens sein.«

»Die Menschen glauben dann, die Welt sei gegen sie«, sage ich.

»Die Welt ist nicht gegen uns«, sagt Louise. »In Wirklichkeit sind wir alle liebenswert, und das Leben liebt uns.«

»Durch diese Erkenntnis öffnen wir uns für die Gesamtheit aller Möglichkeiten«, folgere ich.

»Die Gesamtheit aller Möglichkeiten steht uns immer offen«, sagt Louise.

Ich sage ihr, dass ihr Vortrag »Die Gesamtheit aller Möglichkeiten« zu meinen absoluten Favoriten gehört. Darin sagt sie:

> *»Ich habe es mir zur Aufgabe gemacht, die Wahrheit in den Menschen zu sehen. Ich sehe die absolute Wahrheit ihres Seins. Ich weiß, dass die Gesundheit Gottes in ihnen wohnt und sich durch sie ausdrücken kann.«*

Louise spricht nicht von *positivem Denken.* Tatsächlich habe ich sie diesen Begriff noch nie verwenden hören. Louise betrachtet Gedanken nicht als positiv oder negativ. Gedanken sind immer neutral. Aber die Art, wie wir mit ihnen umgehen, ist entweder positiv oder negativ.

»Und wie können wir unser Denken verändern?«, frage ich Louise.

»Du musst die Beziehung zu deinem Geist verändern«, sagt sie.

»Wie geht das?«

»Indem du dich daran erinnerst, dass du selbst der Denker deiner Gedanken bist.«

»Das heißt: Sei der Denker, nicht der Gedanke«, sage ich.

»Die Macht liegt beim Denker, nicht bei den Gedanken«, erwidert sie.

»Bemerke, wenn du urteilst, aber sei nicht der Richter«, sage ich. »Bemerke, wenn du dich selbst kritisierst, aber sei nicht dein schlimmster Kritiker.«

Ich komme noch einmal auf mein Golferlebnis zurück und auf das Selbstgespräch meines Golfpartners. Er rief nicht: »Was für ein dummer Schlag!« Er rief: »Ich bin so dumm!« Sein Selbstgespräch war kein Kommentar zu seinem Golfspiel, sondern ein Urteil über sich selbst. Er hatte sich in seinen Gedanken verloren. Er identifizierte sich so sehr mit der Bewertung seines Spiels, dass er zum Richter geworden war. So verhielt es sich auch mit seiner Selbstkritik. Er war zu seinem schlimmsten Kritiker geworden. Er war nicht mehr wirklich bei sich. Und vermutlich war ihm nicht klar, dass sein innerer Kritiker noch nie ein Golfturnier gewonnen hatte.

»In deinen Gedanken spiegelt sich wider, wie es um dein Verhältnis zu dir selbst bestellt ist«, erinnert mich Louise.

»Und Gedanken kann man ändern«, sage ich.

»Ja, denn du bist der Denker deiner Gedanken.«

»Und wie können wir unsere Gedanken verändern?«, frage ich.

»Durch Affirmationen vor dem Spiegel«, antwortet Louise, als wäre das so offensichtlich.

»Was genau ist eine Affirmation?«

»Eine Affirmation ist ein Neuanfang.«

Louise hat mithilfe von Affirmationen ihr Leben verändert. »Ich habe gelernt, dass jeder Gedanke, den wir denken, und jedes Wort, das wir aussprechen, eine Affirmation ist«, erzählt sie. »Sie bekräftigen und verstärken, was wir für wahr halten, und damit, wie wir unser Leben erfahren.« Wenn wir uns beklagen, ist das eine Affirmation. Dankbarkeit ist eine Affirmation. Jeder Gedanke und jedes Wort affirmiert, also bejaht irgendetwas. Welche Kleidung wir wählen, was wir essen, welchen Sport wir treiben oder ob wir überhaupt Sport treiben – das alles spiegelt wider und bekräftigt, was wir über das Leben glauben.

»In dem Moment, in dem du bewusst eine Affirmation anwendest, verlässt du die Opferrolle«, schreibt Louise in ihrem Buch *Herzensweisheiten*.[8] »Du bist nicht länger hilflos. Du erkennst die eigene Macht an.« Affirmationen wecken dich aus dem Schlaf der täglichen Unbewusstheit auf. Sie helfen dir, deine Gedanken bewusst zu wählen. Sie helfen dir, dich von alten, einengenden Glaubenssätzen zu befreien. Sie helfen dir, stärker in der Gegenwart zu leben. Sie helfen dir, die Zukunft zu heilen. »Das, was du heute affirmierst, bereitet den Boden für neue zukünftige Erfahrungen«, sagt Louise.

Wenn man Zeit mit Louise verbringt, sieht man, dass Louise Hay nicht nur über Affirmationen nachdenkt. Sie lebt ihre Affirmationen. Sie macht nicht einfach zehn Minuten Affirmationen am Morgen und vergisst sie dann. Sie nimmt ihre Affirmationen mit in den Alltag. Um das zu unterstützen, hat sie ihre Affirmation diskret überall bei sich zu Hause platziert. Auf ihrem Badezimmerspiegel steht: *Das Leben liebt mich. Alles ist gut* steht neben dem Lichtschalter in der Diele. Und in der Küche hängt: *Mich erwartet stets nur Gutes.* In ihrem Auto befindet sich die Affirmation: *Ich segne alle Menschen in meinem Leben und trage zu ihrem Wohlergehen bei, und sie segnen mich und tragen zu meinem Wohlergehen bei.*

Wir werden dir nun die zweite spirituelle Übung in diesem Buch vorstellen. Sie heißt *10 Punkte.* Die Idee dabei ist, dass du eine Affirmation mit durch den Tag nimmst und dich immer wieder auf sie konzentrierst. Wir empfehlen dir, mit dieser Affirmation, die gleichzeitig das Thema des Buches ist, zu beginnen; *Das Leben liebt dich.* Wiederhole diese Affirmation am besten zehnmal. Um Abwechslung hineinzubringen, kannst du auch die folgenden Affirmationen verwenden:

Ich bin heute offen dafür,
dass das Leben mich liebt.

Ich lasse zu,
dass das Leben mich heute liebt.

Ich sage heute Ja dazu,
dass das Leben mich liebt.

Ich bin heute dankbar,
dass das Leben mich liebt.

Das Leben liebt mich,
und ich fühle mich gesegnet.

Als Nächstes bitten wir dich, zehn selbstklebende Punkte an Stellen anzubringen, wo du sie während des Tages sehen kannst. Die Selbstklebepunkte bekommst du in den meisten Schreibwarengeschäften. Wähle eine Form, die dir gefällt: Punkt, Stern, Herz, kleiner Engel, Smiley. Klebe die Punkte auf den Spiegel, den Teekessel, den Kühlschrank, auf das Lenkrad oder Armaturenbrett des Autos, den Computermonitor und an andere Stellen, wo du oft hinschaust. Jedes Mal, wenn du einen der zehn Punkte siehst, affirmiere bewusst und konzentriert: *Das Leben liebt mich.*

Wir empfehlen, dass du das Experiment mit den zehn Punkten sieben Tage lang durchführst. »Sei geduldig mit dir«, sagt Louise. »Es war nicht so, dass ich drei Affirmationen aufgesagt und gleich danach Hay House gegründet habe.«

Am Anfang spürt man häufig einen gewissen inneren Widerstand. Auch kann es vorkommen, dass du das Gegenteil einer Affirmation erlebst – Gedanken und Gefühle, die den gegenteiligen Glaubenssatz widerspiegeln: *Das Leben liebt mich nicht.* Denke daran, dass diese Affirmation ein Neuanfang ist. Sie bringt dein Denken wieder mit der Grundwahrheit in Einklang, *dass du liebenswert bist.* Sehr wahrscheinlich wird es eine Phase der Umstellung geben. Bleibe, auch wenn Widerstände auftauchen, beharrlich bei den neuen Affirmationen. Wie die Spiegelarbeit funktionieren auch Affirmationen nicht in der Theorie, sondern nur wenn du sie praktisch anwendest.

* * *

3. KAPITEL

Folge deiner Freude

Wenn du die Wahrheit wissen willst,
werde ich sie dir mitteilen.
Höre auf den geheimen Klang,
den wahren Klang, der in dir ist.
KABIR[1]

Louise und ich sitzen wieder vor dem Spiegel in ihrem Arbeitszimmer. Heute erforschen wir, was der Satz *Das Leben liebt dich* bedeutet. »*Das Leben liebt dich* ist eine wunderschöne Affirmation«, sage ich, »aber er bedeutet noch weit mehr.« Louise schenkt mir ihr wissendes Lächeln. »Das will ich hoffen«, sagt sie. *Das Leben liebt dich* ist eine grundlegende Lebensphilosophie. Diese vier Worte sind Wegweiser, die uns ins Zentrum der Schöpfung führen, zu unserer gegenseitigen liebevollen Verbundenheit und unserer wahren Natur. *Das Leben liebt dich* zeigt uns, wer wir sind und wie wir ein wahrhaft gesegnetes Leben führen können.

»Was bedeutet *Das Leben liebt dich* für dich, Louise?«, frage ich.

»Das Leben liebt *uns alle.* Es liebt nicht nur dich oder mich«, erwidert sie.

»Also sind wir alle gemeint.«

»Das Leben liebt uns alle«, wiederholt sie.

»Die Liebe meint alle, sonst wäre es keine Liebe.«

»Ja, und niemand bekommt spezielle Vergünstigungen«, sagt Louise.

»In den Augen der Liebe sind wir alle gleich.«

»Ja, und niemand bleibt außen vor.«

»Es gibt keine unheiligen Ausnahmen«, füge ich hinzu.

Für manche Menschen mag das eine völlig neue Art zu denken sein, aber es ist keine neue Philosophie. Seit uralter Zeit haben Philosophen und Dichter beobachtet, dass wir alle auf grundlegende Weise miteinander verbunden sind. In »Philosophie der Liebe« erforscht der Dichter Percy Bysshe Shelley diese fundamentale Verbundenheit auf zugleich spirituelle und sinnliche Weise. Es ist für mich eines der schönsten Liebesgedichte. Ich rezitiere es grundsetzlich zu Beginn jedes *Loveability*-Seminars. Es beginnt so:[2]

Quelle eint sich mit dem Strome,
Dass der Strom ins Meer vertauche;
Wind und Wind am blauen Dome
Mischen sich mit sanftem Hauche.
Nichts auf weiter Welt ist einsam,

Jedes folgt und weiht sich hier
Einem Andern allgemeinsam –
Warum denn nicht wir?

Wir sind füreinander geschaffen. Wir alle sind Teil dieser Verbundenheit. Es gibt keine unheiligen Ausnahmen. Mystiker und Wissenschaftler stimmen überein, dass wir alle in der tieferen Wirklichkeit jenseits von Zeit und Raum Glieder eines einzigen Körpers sind. Albert Einstein bezeichnete die Getrenntheit als »optische Täuschung«. Der amerikanische Quantenphysiker David Bohm, einer der berühmtesten Schüler Einsteins, erkannte, dass das Universum ungeteilt ist – eine implizierte Ganzheit und ein unendlicher Tanz von Beziehungen. Wir gehören zusammen.

»Das Leben liebt dich bedingungslos«, sagt Louise.

»Was bedeutet das?«, frage ich.

»Das Leben bewertet und verurteilt dich niemals«, antwortet sie mit Nachdruck.

»Und das Leben kritisiert uns nicht«, füge ich hinzu.

»Nein. Und es stellt uns nicht auf die Probe und führt uns nicht in Versuchung. Es versucht nicht, uns das Leben schwer zu machen«, sagt Louise.

»Und wenn du sagst, das Leben liebt *dich,* dann meinst du mit diesem Du den Seelenvogel, unser unkonditioniertes Selbst.«

»Ja. Das Leben liebt dich, dein wahres Selbst.«

»Wir werden für das geliebt, was wir sind, nicht für das, von dem wir glauben, es werden zu müssen.«

»*Das Leben liebt dich* jetzt«, betont Louise.

Das Leben liebt dich ist eine Aussage in der Gegenwart. Es ist nicht gemeint, dass das Leben dich nur liebte, als du ein unschuldiges Kind warst. Und es ist auch nicht gemeint, dass das Leben dich lieben wird, wenn du dich änderst.

»Das Leben liebt dich auch dann, wenn du dich nicht liebst«, sagt Louise.

Wir halten beide einen Moment inne, um die Erkenntnis auf uns wirken zu lassen. *Das Leben liebt dich* fühlt sich natürlich und glaubwürdig an, *wenn* wir uns selbst lieben, aber wenn nicht, dann scheint es zu schön, um wahr zu sein. Dabei kommt mir eine Textstelle aus *Ein Kurs in Wundern* in den Sinn, die ich für Louise zitiere:[3]

Das Universum der Liebe hört nicht deshalb auf, weil du es nicht siehst, noch haben deine
geschlossenen Augen die Fähigkeit verloren zu sehen.

Schau auf die Herrlichkeit SEINER Schöpfung,
und du wirst lernen, was GOTT für dich bewahrt hat.

»Sprechen wir über den Sinn des Lebens«, sage ich zu Louise. »Okay, dann los«, erwidert sie mit wissendem Blick. Ich frage sie, worauf sich das Wort »Leben« in *Das Leben liebt dich* bezieht. Sie antwortet, dass damit das gemeint ist, was uns erschaffen hat. Sie sagt, dass Leben Universum, Geist, Gnade, das Göttliche oder Gott bedeuten kann. Ich spüre ihren Widerwillen dagegen, das Wort Gott zu benutzen, und frage sie danach. Sie sagt: »Ich ziehe das Wort Leben vor, weil es nicht religiös ist.« Ich verstehe ihren Vorbehalt. »Wie schade es doch ist, dass wir aus Gott eine Religion gemacht haben«, sage ich.

»*Das Leben liebt dich* ist eine spirituelle Philosophie, keine religiöse Philosophie«, sagt Louise.

»Das Leben ist zu 100 Prozent konfessionslos.«

»Ja«, sagt Louise, »und das Leben ist größer als all die vielen Namen Gottes zusammengenommen.«

»Dann bedeutet *Das Leben liebt dich* demnach das Gleiche wie *Gott liebt dich?*«

»Ja, aber nur, wenn Gott kein Mann im Himmel ist, der über unsere Genitalien wacht, und nur, wenn Gott bedingungslose Liebe ist.«

»Amen«, sage ich.

Das Leben liebt dich ist eine Philosophie der Liebe, die Liebe als spirituelle Kraft anerkennt, nicht nur als ein romantisches Gefühl. Wie andere Philosophien, beispielsweise die christliche Mystik, der Sufismus, die Kabbala und das Bhakti-Yoga, ist diese Philosophie der Liebe viel mehr als nur eine Emotion oder etwas Sexuelles. Die hier gemeinte Liebe ist der Geist der Schöpfung. Liebe ist das Bewusstsein des Universums. Sie ist frei von persönlichen Neurosen und Ego-Psychologie. »Liebe ist eine unendliche Intelligenz«, sagt Louise. »Sie liebt alle ihre Schöpfungen, und sie wird uns führen und leiten, wenn wir es zulassen.«

»Schauen wir uns nun an, was *Das Leben liebt dich* nicht bedeutet«, sage ich zu Louise. »Nun, es geht dabei nicht darum, dass wir unseren Kopf durchsetzen«, sagt sie. »Es geht darum, dass wir uns selbst nicht im Weg stehen.« Louise lächelt. »Das Leben hat für jede und jeden von uns einen Plan. Dieser Plan dient unserem höchsten Wohl und dem größten Wohl aller. Es ist ein universeller Plan, der größer ist als die Wünsche des Egos. Er zielt auf die Verwirklichung unserer höchsten Bestrebungen. Wir müssen uns von der Liebe leiten lassen, mehr gibt es für uns nicht zu tun.«

»Wann hast du es zum ersten Mal für möglich gehalten, dass das Leben dich liebt?«, frage ich.

»Oh, ich glaube, das ist noch gar nicht so lange her«, entgegnet Louise.

»Hat während deiner Kindheit und Jugend je jemand zu dir gesagt: ›Das Leben liebt dich‹?«

»Nein, niemand. Und auf keinen Fall jemand aus meiner Familie.«

»Hast du es von jemand anderem gelernt?«

»Nicht dass ich wüsste.«

»Wie hast du dann für dich herausgefunden, dass das Leben dich liebt?«

»Das muss gewesen sein, als ich meine innere Stimme entdeckt habe.«

Horche in dich hinein

Louise und ich befinden uns in der Firmenzentrale von Hay House in Carlsbad, Kalifornien. Wir sollen für den Hay House World Summit 2014 gefilmt werden. Die Kameras sind in

Position. Die Studioscheinwerfer sind eingeschaltet. Louise schminkt noch ein wenig meine Stirn. Das ist inzwischen eine Tradition bei uns beiden. Hinter der Bühne der »I Can Do It!«-Konferenz in Las Vegas hatte sie mir zum ersten Mal angeboten, mich zu schminken. Das ist mein Debüt als Referent bei Hay House gewesen, und seitdem ist Louise meine Maskenbildnerin.

»Sprechen wir über deine innere Stimme«, sage ich.

»Oh ja. Ich spüre es hier.« Sie klopft sich auf die Brust.

»In deinem Herzen«, sage ich.

»Ja.«

»Was also bedeutet diese Stimme?«

»Ein inneres Wissen«, sagt Louise.

Louise lässt sich von diesem inneren Wissen durchs Leben leiten. »Meine innere Stimme ist meine Freundin«, sagt sie. »Sie spricht mit mir. Ich habe gelernt, ihr zu vertrauen. Ich kann mich immer auf sie verlassen.« Ich habe Louise bei drei Gelegenheiten zum Thema innere Stimme interviewt. Jedes Mal verblüfft es mich, wie dankbar sie für diese innere Stimme ist. Sie spricht mit Achtung und Liebe von ihr. Auf sie zu hören ist für Louise eine tägliche spirituelle Praxis. »Meine innere Stimme ist immer bei mir«, sagt sie. »Wenn ich auf sie höre, finde ich alle Antworten, die ich benötige.«

»Woher kommt denn deine innere Stimme?«, frage ich.

»Von überall her!«, antwortet Louise in leichtem, spielerischem Ton.

»Was bedeutet das?«

»Meine innere Stimme ist der Teil von mir, der auf die große Weisheit lauscht«, sagt sie.

»Ist das die ›Eine Intelligenz‹, von der du in *Gesundheit für Körper und Seele*[4] sprichst?«, frage ich.

»Ja, die Eine Intelligenz, die uns allen Führung und Inspiration anbietet.«

»Haben wir also alle eine innere Stimme?«

»Jedes Kind wird damit geboren«, versichert mir Louise.

Das veranlasst mich, Louise von einem Erlebnis zu erzählen. An diesem Tag hatte ich mit Hollie, Bo und Christopher den Botanischen Garten von San Diego in Encinitas besucht. Wir gingen durch einen Hain aus Drachenbäumen, kletterten in ein Baumhaus hinauf (mehrmals), zählten Schmetterlinge und verirrten uns im Gras-Labyrinth. Auf dem Rückweg zum Auto blieb ich stehen, um mir ein Beet mit leuchtend orangefarbenem Kalifornischen Mohn anzuschauen. Bo kam zu mir und stellte sich neben mich. »Papa«, sagte sie, »mit der Liebe ist das so: Du musst Pflanzen genauso lieb haben wie Menschen, und wenn du das tun kannst, weißt du, was Liebe ist.«

»Das ist Bos innere Stimme!«, sagt Louise und klatscht vor Freude in die Hände. In einem Moment ist Bo ein kleines Mädchen, und im nächsten ist sie plötzlich Tinker Bell, die ihren Zauberstab schwingt und Weisheit wie Feenstaub ausstreut. Eltern kennen die innere Stimme ihrer Kinder aus eigener Erfahrung. Kinder sind mit einer leuchtenden Intelligenz gesegnet. Manche Buddhisten sprechen vom *spiegelgleichen Bewusstsein,* weil sich darin die Weisheit der Seele spiegelt. Diese Weisheit hat mit Intelligenztests, Mathematiktabellen, Geschichtskenntnissen oder pythagoreischen Dreiecken nichts zu tun. Man erlernt sie nicht; man bringt sie mit ins Leben.

Wir sind mit natürlicher Weisheit ausgestattet. Das Wissen des Universums ist uns angeboren. Jeder von uns erlebt es auf seine eigene Weise, und wir geben ihm unterschiedliche Namen – innere Stimme, innerer Lehrer, Gott, Heiliger Geist oder göttliche Führung. Wir tragen die Wahrheit in uns. In seinem Gedicht »Paracelsus« schrieb Robert Browning:[5]

Die Wahrheit liegt in uns selbst,
sie kommt nicht von außen zu uns,
was du auch glauben magst.
Ein Zentrum findet sich tief in uns allen,
wo die Wahrheit in ganzer Fülle wohnt.
Doch unser schweres Fleisch
legt viele Mauern um diese so reine,
klare Stimme in uns –
die Wahrheit.

Irgendwie passiert es, dass wir diese Wahrheit vergessen. Aber sie vergisst uns nicht. Schon früh im Leben verlieren wir den Kontakt zu ihr. Das GPS unserer Seele funktioniert perfekt, aber wir tun so, als wäre es kaputt. Wir lernen, uns bei der Navigation auf das Ego und unseren Intellekt zu verlassen. Das funktioniert bei kurzen Reisen ganz gut, aber nicht bei jener großen Reise, die unser wahrer Lebenspfad ist. Wir verbringen einen großen Teil unseres Lebens mit dem Versuch, unsere innere Weisheit wiederzufinden – unsere innere Stimme. Wir erinnern uns an sie, und das treibt uns bei dieser Suche an.

»Wie hast du denn deine innere Stimme wiedergefunden?«, frage ich Louise.

»Ich war eine Spätentwicklerin«, sagt sie. »Als Erwachsene stolperte ich durchs Leben, ohne mir meiner inneren Führung bewusst zu sein.«

»Was geschah?«

»Ich besuchte in New York einen Vortrag in der Kirche der Religious Science. Im Saal hörte ich, wie jemand sagte: ›Wenn du bereit bist, dein Denken zu ändern, kannst du dein Leben ändern.‹ Etwas in mir sagte: ›Hör gut zu.‹ Und das tat ich.«

»War es deine innere Stimme, die das sagte?«

»So muss es gewesen sein«, antwortet Louise.

Dann fragt Louise mich, wie ich meine innere Stimme wiederentdeckte. Ich erzähle ihr, wie ich im Alter von 18 Jahren meinem ersten spirituellen Mentor begegnete. Er heißt Avanti Kumar, und in mehreren meiner Bücher habe ich über unsere gemeinsamen Abenteuer berichtet. Avanti war ein Kommilitone an der Birmingham City University. Er war ein Stadt-Mystiker. Er schien ein normales Leben zu führen, und doch war er anders als alle Menschen, die ich bis dahin kannte. Avanti führte mich in die Metaphysik und Meditation ein.

»Du bist der Buddha, und alle warten darauf, dass du dich daran erinnerst«, sagte Avanti zu mir während eines unserer vielen Gespräche in unserem Lieblingscafé. Er untermauerte diese

Behauptung damit, dass er sagte, wir alle seien Buddha. Der Name Buddha bedeutet im Sanskrit *der Erwachte* – also eine Person, die sich ihrer unkonditionierten Natur bewusst ist. Avanti lehrte mich, dass es in jeder und jedem von uns eine leise Stimme gibt, die unsere wahre Stimme ist. Je mehr wir bereit sind, auf diese Stimme zu hören, desto besser nehmen wir sie war.

Wie Louise habe ich gelernt, mich auf diese innere Stimme zu verlassen. Ich nenne sie mein Ja, weil sie zutiefst bejahend ist, und ich spüre, dass sie immer nur mein Bestes will. Außerdem unterstützt sie mich jederzeit. Sie ist immer da, wenn ich sie brauche. Meine innere Stimme fühlt sich wie ein Ja an, wenn ich ihre Gegenwart in meinem Körper, meinem Herzen und meinem Denken spüre. Auf dieses Ja höre ich, wenn ich eine Entscheidung treffen muss. Das Ja hilft mir, den großen Plan zu erkennen und entsprechend zu handeln. Das Ja ist mein Licht auf dem Weg.

»Durch meine innere Stimme, meine Intuition zeigt das Leben mir seine Liebe«, sagt Louise. So empfinde ich auch mein Ja. Louise kontaktiert während des Tages immer wieder ihre innere Stimme. »Anfangs habe ich meditiert, um meine innere Stimme hören zu können«, sagt sie. »Doch das Meditieren fiel mir schwer. Ich bekam davon heftige Kopfschmerzen. Es war wirklich unangenehm. Ich gab aber nicht auf, und mit der Zeit lernte ich, das Meditieren zu genießen. Es half mir, auf meine innere Stimme zu hören. In der Anfangszeit war das eine große Hilfe für mich.«

Als ich Louise frage, ob sie auch heute noch meditiert, erzählt sie mir von einer ausgezeichneten Übung, die sie regelmäßig praktiziert. »Ich meditiere heute nicht mehr jeden Tag. Nur noch gelegentlich. Wenn ich aufwache, gehe ich zum Spiegel und sage: ›Sag mir, was ich heute wissen muss.‹ Und dann höre ich zu. Durch diese Übung lernte ich, stets darauf zu vertrauen, dass mir alles, was ich wissen muss, zur rechten Zeit und am rechten Ort enthüllt wird.« Wenn Louise bei einem aktuellen Problem, etwa gesundheitlichen Beschwerden oder einer anstehenden geschäftlichen Entscheidung, Führung benötigt, stellt sie, wie sie sagt, ihrer inneren Stimme oft folgende Frage: *Was muss ich jetzt im Moment wissen?*

Louises brillante Übung erinnert mich an ein Gebet aus *Ein Kurs in Wundern,* das ich das »Gebet um Führung« nenne. Seit 20 Jahren wende ich es fast jeden Tag an. Es funktioniert so:

Werde innerlich ruhig, und nimm bewusst Verbindung zu deiner inneren Stimme auf (oder wie du deine intuitive innere Führung nennst).

Frage dann einfach:

* Was möchtest du, dass ich tun soll?
* Wohin soll ich gehen?
* Was soll ich sagen und zu wem?

Liebe, was du bist

»Ich bin ein Ja-Mensch, der in einem Ja-Universum lebt«, sagt Louise.

»Das klingt wundervoll«, sage ich zu ihr. »Was meinst du damit?«

»Das Leben liebt uns. Diese Liebe erhält uns und führt uns durch alle unsere Abenteuer. So sagt das Universum immer *Ja* zu uns.«

»Liebe ist also die innere Stimme, die uns leitet!«, rufe ich aus.

»Ja.« Louise lächelt. »Und ich bin ein Ja-Mensch, weil ich stets meiner inneren Stimme folge.«

»Warum widersetzen wir uns dieser inneren Führung?«, frage ich.

»Kinder hören das Wort Ja viel zu selten«, antwortet Louise. »Sie hören *Nein!* und *Lass das!* und *Hör auf!* und *Tu, was man dir sagt!* Und die Erwachsenen, die das zu ihnen sagen, haben es als Kinder auch ständig zu hören bekommen.«

Einer wissenschaftlichen Studie zufolge ist bei den meisten Kindern *Nein* das erste Wort, das sie lernen. Für eine BBC-Reportage wurde ich gebeten, dazu Stellung zu nehmen, und ich fand dieses Ergebnis erstaunlich. Ich hätte erwartet, dass *Mama* oder *Papa* die häufigsten ersten Worte sind. Doch offenbar ist das nicht der Fall. Eine andere Studie ergab, dass Kinder bis zu 400-mal am Tag das Wort *Nein* hören. Niemand wird bestreiten, dass Eltern auch einmal Nein sagen müssen. Aber so oft? Nein ist also das Wort, das die meisten Kinder zuerst lernen. Am Anfang war das Wort, und das hieß *Nein*. Unser Leben beginnt mit einem Nein. Das ist kein guter Start, oder? Überlege, wie es wäre, wenn *Ja* das erste Wort wäre, das wir zu sprechen lernen!

»Jedes Kind ist in Kontakt mit seiner Intuition und inneren Stimme«, sagt Louise, »damit sie ihn nicht verlieren, müssen sie in einer liebevollen, positiven Umgebung aufwachsen. Nur so lernen sie, ihrer inneren Führung zu vertrauen.« Louise fährt fort, indem sie eine Parallele zwischen gesunden Kindern in einer Familie und gesunden Zellen im Körper zieht. Hierbei bezieht sie sich auf Bruce Lipton, den Entwicklungsbiologen und Autor des Buches *Intelligente Zellen*.[6] Lipton hat durch umfangreiche Forschungen nachgewiesen, dass die Gesundheit einer Zelle von der Umgebung abhängt, in der sie existiert. Eine liebevolle, positive Umwelt erzeugt Gesundheit. Doch eine ängstliche, negative Umwelt erzeugt Unruhe. »Ohne ein liebevolles, positives Umfeld vergisst ein Kind seine innere Stimme«, sagt Louise.

Indem wir auf unsere innere Stimme hören, lernen wir, uns selbst zu lieben. So entwickeln wir den Mut, unsere Wahrheit zu leben. Wenn wir nicht mehr auf unsere innere Stimme hören, führt das dazu, dass wir uns selbst ablehnen. Statt zu uns selbst zu stehen – also authentisch zu sein –, versuchen wir, uns anzupassen, andere zufriedenzustellen, »normal« zu sein. Aber wir sind nicht hierhergekommen, um angepasst und normal zu sein! Denn dann folgen wir nicht unserer Freude. Am Ende des Lebens wird dein Schutzengel oder der heilige Petrus oder wer sonst dafür zuständig ist, dich nicht fragen: »Warst du normal?« Wie gut angepasst du warst, wird kein Kriterium sein!

»Wir sind ständig eingeladen, wir selbst zu sein«, schrieb Henry David Thoreau. Das gelingt uns nur, wenn wir unsere innere Weisheit achten und ehren. In meinem Acht-Wochen-Glückskurs *Be Happy* (Sei glücklich) gibt es eine Übung, bei der alle Teilnehmer gebeten werden, einer nach dem anderen aufzustehen und laut folgende Affirmation zu sprechen: *Ich bin ein weiser Mensch.*

Dies zu affirmieren mag dir möglicherweise einfach erscheinen, aber vielen Leuten fällt es schwer. Viele Teilnehmerinnen und Teilnehmer bekommen schon Herzklopfen, wenn sie nur von der Übung hören. Wenn sie aufstehen, um vor den anderen laut zu sagen, dass sie weise sind, bekommen sie weiche Knie. Sie spüren starke Emotionen, und manchmal fließen Tränen. Wenn wir anschließend über die Übung sprechen, bitte ich meine Schüler, darauf zu achten, welches »Selbst« in ihnen sie schwierig fanden. Ist es der Seelenvogel, das unkonditionierte Selbst – oder ist es ihr Ego-Selbstbild?

Während eines Be-Happy-Seminars schaffte es ein Teilnehmer namens Alan nicht, diese Übung mitzumachen. Er ist Lehrer an einer großen Londoner Schule, ein sehr fähiger, tüchtiger Mann. Doch als er an der Reihe war aufzustehen, brachte er keinen Ton heraus. Er streckte abwehrend die Hand aus, als wollte er sagen: »Nein, ich kann das nicht.« Bis zu diesem Punkt war Alan während des Seminars sehr aufgeschlossen gewesen und hatte sich an allen Übungen mit sichtlicher Freude beteiligt. Ich sah, dass seine ausgestreckte Hand ein definitives *Nein* bedeutete.

Er war noch nicht bereit dafür. Also beließen wir es dabei und machten einfach mit der nächsten Übung weiter. Ein paar Tage später schrieb Alan mir eine E-Mail, von der ich hier einen Auszug wiedergebe:

Lieber Robert,
Danke für das Be-Happy-Seminar, das mir sehr viel Freude gemacht hat. Wie du weißt, war das letzte Wochenende schwierig für mich. … Meine Reaktion auf die Übung »Ich bin ein weiser Mensch« hat mich selbst überrascht. Ich erstarrte innerlich. Eine Stimme in mir sagte: »Nein.« Ich konnte nicht sprechen. … Als Lehrer bereitet es mir große Freude, Jungen und Mädchen dabei zu helfen, ihre Stimme zu finden. Diese Ironie ist mir nicht entgangen. Ich begreife mein Versagen als Chance, mich selbst zu heilen und zu lieben. Ich bin 46 Jahre alt, und es ist nie zu spät, weise zu werden! Ich versichere dir, dass ich bereit bin, die Weisheit zu achten und zu ehren, die, wie du sagst, in jedem von uns wohnt. »Ich bin ein weiser Mensch.« »Ich bin ein weiser Mensch.« Ich stehe auf, während ich diese Worte schreibe! … Tränen laufen mir über die Wangen. … » Ich bin ein weiser Mensch.« Ich weiß, es ist ein Unterschied, ob man das nur schreibt oder es laut vor einer Gruppe ausspricht. Ich bitte dich, mir beim nächsten Seminartag die Chance zu geben, es laut vor den anderen zu sagen. Das ist sehr wichtig für mich.

Mit herzlichem Gruß
Alan

Die Angewohnheit, uns selbst abzulehnen, ergreift von uns Besitz, wenn wir uns gegenüber der weisen Stimme unseres wahren Selbst taub stellen. Wir lauschen dann nicht mehr in uns hinein. Wir unterdrücken die Botschaften des Körpers. Wir ignorieren die Sprache des Herzens. Wir hören den Gesang des Seelenvogels nicht mehr. Wir entfernen uns von uns selbst. Erkennst du das Gesicht im Spiegel noch? Bist das wirklich du? Oder hast du dich selbst aufgegeben? Häufig reden wir uns ein, unwichtig zu sein. Wir glauben nicht mehr an uns und sorgen nicht mehr gut für uns. Søren Kierkegaard schrieb: »Sich seiner selbst als geistiges Wesen nicht bewusst zu sein ist Verzweiflung.«

Wenn wir aufhören, unserer inneren Stimme zu folgen, entfremden wir uns von uns selbst. Wir vergessen, wer wir sind, und wir wissen nicht mehr, was wir wirklich wollen. Wie alle anderen jagen wir dem Glück und dem Erfolg hinterher und suchen nach Liebe. Wenn wir den Kontakt zu unserer inneren Führung verloren haben, werden wir am falschen Ort suchen. Wir haben viele Wünsche, aber sind wir in der Lage, zwischen einem echten, heiligen Herzenswunsch und einer konditionierten Reaktion auf Marketing und Werbebotschaften zu unterscheiden? Von dem, was du tief drinnen eigentlich gar nicht willst, wirst du nie genug kriegen. Weißt du, wozu du wirklich von Herzen gerne Ja sagen möchtest?

»Jedes Mal, wenn ich das Wort *sollte* höre, klingeln bei mir die Alarmglocken«, sagt Louise. Wenn du dich selbst sagen hörst: »Ich sollte dieses oder jenes tun, sein oder haben«, frage dich: »Wer in mir sagt das?« Ist es die Stimme meines unkonditionierten Selbst? Folge ich wirklich meiner Freude? Oder handelt es sich um die Stimme des Egos? »Je mehr du das Wort *sollte* aus deinem Wortschatz streichst, desto leichter wird es dir fallen, wieder deine innere Stimme zu hören«, sagt Louise.

Wenn wir uns selbst ablehnen, fürchten wir uns davor, von anderen abgelehnt zu werden. Wenn sie uns auch ablehnen, ist niemand mehr da, der uns liebt. Wir geben uns alle Mühe, akzeptabel und liebenswert zu sein. Wir pressen uns in eine Form, die dann hoffentlich die Erwartungen der anderen befriedigt. Im Bestreben, Liebe und Erfolg zu erlangen, schlüpfen wir in Rollen wie den Helfer, die Märtyrerin oder den Star. Doch stets plagt uns das nagende Gefühl, dass etwas fehlt. Solange wir uns selbst nicht akzeptieren – nicht Ja zu unserem wahren Sein sagen –, werden wir immer das Gefühl haben, dass uns im Leben etwas Wesentliches entgeht.

Ja zu sich selbst zu sagen heißt, dem tiefsten Teil des eigenen Selbst zu begegnen. Du sagst Ja zu deiner geheimnisvollen Schönheit, deiner Seelennatur und zu deiner Kreativität. Dem musst du treu sein. Darum geht es bei der Selbstliebe. Das ist unsere wahre Lebensaufgabe. Der persische Dichter Rumi schenkte der Welt das Gedicht »Sag schnell Ja«. Er schrieb: [7]

In dir
ist ein Künstler,
von dem du nichts weißt …
Stimmt, was ich sage?

Sag schnell Ja, wenn du es weißt,
wenn du es schon weißt
seit dem Anbeginn des Universums.

Das heilige Ja

Eine Woche bevor Louise und ich mit der Arbeit an diesem Buch begannen, bat mich der Autor Sandy Newbigging, ein Vorwort für sein Buch *Die Mind-Calm-Methode* zu schreiben.[8] Ich fühlte mich geehrt, glaubte aber, nicht die nötige Zeit zu haben, da ich mich ganz auf *Das Leben liebt dich!* konzentrieren wollte. Ich schrieb Sandy eine E-Mail, in der ich ihm eigentlich freundlich Nein sagen wollte, doch es endete damit, dass ich Ja sagte. Es war kein Sollte-Ja, kein Müsste-Ja, kein Ja, um nicht zu enttäuschen. Es war ein aufrichtiges Ja – das, was ich mein Großes Ja nenne.

Dieses Ja nenne ich auch mein Heiliges Ja. Ich spüre dieses Ja in meinem Bauch (Bauchgefühl). Ich spüre es im Herzen und höre es im Kopf. Wenn dieses Ja in mir erklingt, habe ich praktisch gar keine andere Wahl, als ihm zu folgen. Dieses »Ja« fühlt sich einfach wahr an. Ihm zuwiderzuhandeln, wäre unauthentisch. Ich bin froh, dass ich Ja sagte und Sandys Buch las. Es ist reich an wertvollen Erkenntnissen. Und es gibt darin einen Satz, der mir beim Schreiben von *Das Leben liebt dich!* sehr geholfen hat. Er spricht mich jeden Tag aufs Neue an. Er klingt wie das, was meine innere Stimme zu mir sagen würde:

Lass dich von der liebenden Hand des Universums leiten.

»Alles, was ich getan habe, war immer, auf meine innere Stimme zu hören und Ja zu sagen«, erzählt mir Louise, als sie über ihre Karriere als Autorin und Lehrerin nachdenkt. »Ich hatte nie vor, ein Buch zu schreiben. Mein erstes Buch, *Heile deinen Körper,* war einfach nur eine Liste, die ich zusammengestellt hatte. Jemand schlug vor, dass ich daraus ein Buch machen sollte, und ich sagte Ja. Ich hatte keine Ahnung, wie man ein Buch veröffentlicht. Aber es fanden sich immer helfende Hände, wenn sie gebraucht wurden. Es war einfach nur ein kleines Abenteuer.« Sie ahnte nicht, dass ihr »kleines Abenteuer« zu einem Bestseller werden und sich als Vorreiter für eine ganze Welle neuartiger Selbsthilfeliteratur erweisen würde.

Louises Vorträge entwickelten sich nach einem ganz ähnlichen Muster. »Jemand lud mich ein, einen Vortrag zu halten, und ich sagte Ja. Ich hatte keine Ahnung, was ich sagen würde, aber sobald ich Ja gesagt hatte, fühlte ich mich sicher geführt.« Erst kamen Vorträge, dann Seminare und die Hayrides. »Zu meinen Seminaren kamen regelmäßig auch einige Homosexuelle«, erinnert sich Louise. »Eines Tages wurde ich gefragt, ob ich bereit wäre, eine Gruppe für Menschen mit AIDS zu organisieren. Ich sagte: ›Ja, das machen wir und schauen, wie es sich entwickelt.‹« Louise hatte keine Ahnung, was daraus werden würde. Es gab keinen großen Marketingplan. Sie verfolgte nicht das Ziel, in die *Oprah Winfrey Show* und die *Phil Donahue Show* eingeladen zu werden. »Ich folgte einfach meinem Herzen«, sagt Louise.

Ja zu sagen ist die Bereitschaft, sich einzubringen. »Die große Frage ist, ob Sie bereit sind, von Herzen Ja zu Ihrem Abenteuer zu sagen«, meinte Joseph Campbell dazu, der Autor von *The Hero's Journey*.[9] Bei dem Heiligen Ja geht es um den großen Plan deines Lebens. Es geht nicht um Ehrgeiz; es geht um Bestimmung. Es geht nicht um Profit; es geht um Leidenschaft. Es geht nicht um persönlichen Gewinn; es geht um den Dienst für das Ganze. Das Heilige Ja meint die Bereitschaft, sich auf den Weg zu machen, auf der »offenen Straße«, wie Walt Whitman es nannte.

Ja zu sagen ist ein Glaubensakt. Manchmal wissen wir nicht, warum wir Ja sagen. Wir können nicht das Ganze überblicken, und manchmal sehen wir noch nicht einmal den nächsten Schritt klar vor uns. Erst wenn wir Ja gesagt haben, wird uns der nächste Schritt enthüllt. Und erst nachdem wir Ja gesagt haben, entdecken wir, dass das Leben auf unserer Seite ist und uns hilft. In der Fernsehreihe *Die Kraft der Mythen* wurden Gespräche des Mythenforschers Joseph Campbell mit dem Journalisten Bill Moyers filmisch aufgezeichnet. In einem dieser auch in Buchform veröffentlichten Gespräche fragt Moyers Campbell, ob er auf seiner Lebensreise je die Erfahrung gemacht habe, dass ihm »unsichtbare Hände zu Hilfe kamen«. Campbell antwortet:

Ständig. Es ist wunderbar. … Wenn Sie Ihrer Freude folgen, gehen Sie auf einem Weg, der immer schon da war und auf Sie gewartet hat, und das Leben, das Sie führen sollten, ist jenes, das Sie tatsächlich führen. Wenn Sie das erkennen, werden Ihnen Menschen begegnen, die sich in Ihrem Feld der Freude befinden, und diese Menschen werden Ihnen Türen öffnen. Ich sage: Folgen Sie Ihrer Freude, dann werden sich für Sie Türen öffnen, von deren Existenz Sie gar nichts ahnten.

Ja zu sagen bedeutet, geistig offen zu sein. Beim Heiligen Ja geht es darum, dass wir Angst, Minderwertigkeitsgefühle, Zynismus, psychologische Konstrukte hinter uns lassen und zuhören, was unsere Seele uns mitteilen möchte. Das Heilige Ja bedeutet Hingabe. »Seit ich zum ersten Mal meinen Fuß auf den spirituellen Pfad gesetzt habe, ist es, als würde sich mein Leben wie von selbst leben. Das Leben hat die Führung übernommen und zeigt mir jederzeit den Weg. Ich muss nicht führen, ich werde geführt«, sagt Louise.

Ja zu sagen ist eine Reise, kein Ziel. Nicht, weil du irgendwohin gelangen willst, sagst du Ja, sondern wegen dem, was unmittelbar vor dir liegt. In dem Buch *Ist das Leben nicht wunderbar!*[10] sagt Louise zu Cheryl Richardson: »Sehr oft werde ich gefragt, wie ich Hay House gegründet habe. Die Menschen möchten jede Einzelheit darüber wissen, von dem Tag, an dem ich anfing, bis heute. Meine Antwort ist immer die gleiche: Ich bin ans Telefon gegangen und habe die Post geöffnet. Ich habe immer das getan, was gerade zu tun war.« Die Reise ist das Ziel.

Ja zu sagen heißt, hellwach im gegenwärtigen Augenblick zu leben. Als ich 18 Jahre alt war, bekam ich zwei Briefe am selben Tag. Der eine war die Mitteilung, dass ich einen Studienplatz für ein dreijähriges Studium an der Birmingham City University bekommen hatte, der andere Brief brachte die Nachricht, dass ich einen einjährigen Journalistikkurs an der Universität Portsmouth besuchen konnte. Ich war jung und ehrgeizig. Ich wollte den schnellen Weg zum Journalistenberuf, doch alles in meinem Körper und meinem Herzen sagte Ja zu dem längeren, intensiveren Studium in Birmingham. Und dort traf ich dann Avanti Kumar, meinen ersten Mentor. Dort begann mein spiritueller Pfad.

Ich habe mich oft gefragt, wie mein Leben wohl verlaufen wäre, wenn ich meinem inneren Ja zum Studium in Birmingham nicht gefolgt wäre. Einmal fragte ich Louise danach. Sie antwortete: »dein Ja wird dich immer finden, egal wo du auch bist.« Ich liebe diese Antwort. So, wie ich es sehe, meint Louise damit: Wenn wir unserem Ja folgen, geht es nicht darum, irgendwohin zu gelangen oder die richtigen Entscheidungen zu treffen. Es geht darum, im gegenwärtigen Augenblick zu leben, authentisch zu sein, sich führen zu lassen. Und es geht darum, dass du in den Spiegel schaust und liebst, was du dort siehst. Das ist die Reise.

ÜBUNG 3

Meine Affirmations-Tafel

Der griechische Mathematiker Pythagoras soll angeblich gesagt haben: »Die ältesten und kürzesten Wörter, nämlich ›Ja‹ und ›Nein‹, erfordern das meiste Nachdenken.« Ja und Nein sind tief in das Geflecht unseres Alltags eingewoben. Sie sind die mathematische Basis unserer Psychologie. Unser Denken basiert auf Ja und Nein. Diese zwei Wörter sind unser elementarer binärer Code. Wir sprechen sie jeden Tag aus. Sie formen unsere Erfahrung. Sie stehen hinter jeder Entscheidung, die wir treffen. Alles ist ein Ja oder ein Nein – oder ein Vielleicht, also ein kleines bisschen von beidem.

Ich weiß noch, wann ich zum ersten Mal bewusst über mein Verhältnis zum Ja und zum Nein nachdachte. Ich war 26 Jahre alt und arbeitete für die lokale Gesundheitsbehörde in Birmingham. Ich leitete eine Einrichtung, die den Namen »Stress Busters« (»Die Anti-Stress-Schule«) trug. Der Chef der Gesundheitsbehörde fragte an, ob ich die Leitung eines Kurses zum Thema Sozialkompetenz übernehmen könnte. Der Psychologe, der den Kurs bisher geleitet hatte, ging in den Ruhestand. »Ja«, sagte ich. Nicht, dass ein Training für mehr Sozialkompetenz mein besonderes Fachgebiet gewesen wäre. Aber die Sache interessierte mich, und ich wollte mehr darüber herausfinden.

Als ich mich in die Thematik einlas, stellte ich fest, dass es in diesen Kursen hauptsächlich darum ging, Nein zu sagen. Ich las Artikel mit Überschriften wie »Neinsagen leicht gemacht«, »Mit Selbstvertrauen Nein sagen« oder »Die Kunst des Neinsagens«. Ich stieß auf Slogans wie *Sag einfach Nein* und *Nein heißt Nein*. Das Wort Ja wurde kurioserweise kaum erwähnt. Nach ein paar Wochen Recherche präsentierte ich meinen Kurs. Ich nannte ihn *ICH BIN kompetent*. Die erste Lektion hieß: »Die Macht des Ja«. Ich fing mit dem Ja an, weil ich eine Theorie entwickelt hatte, die folgendermaßen lautete:

Je besser du
Ja sagen kannst,
desto besser wirst du
Nein sagen können.

»Die meisten Leute beginnen mit dem, was sie nicht wollen«, sagt Louise. »Sie sagen: ›Ich will meine gegenwärtige Beziehung nicht.‹ Oder: ›Ich will diesen Job nicht mehr.‹ Oder: ›Ich will nicht länger wohnen, wo ich jetzt wohne.‹« Das ist zumindest ein Anfang, weil man sich bewusst ist, dass man so nicht mehr weitermachen möchte. Aber viel wirkungsvoller ist es, wenn wir unsere Aufmerksamkeit und Energie auf das richten, zu dem wir Ja sagen. Louise warnt uns: »Je mehr wir uns auf das konzentrieren, was wir nicht wollen, desto mehr bekommen wir davon.« Wenn du also zum ersten Mal Nein sagst, kann das zwar einen Neubeginn ankündigen, aber du wirst nur wirklich etwas verändern, wenn du anfängst, Ja zu sagen.

Manche Menschen treffen fast alle Entscheidungen nach negativen Kriterien. *Nein* ist ihre Lebenshaltung. Ihre erste Antwort auf alles ist *Nein* oder bestenfalls *Vielleicht*. *Ja* sagen sie nur sehr selten. Das kann an ihrem Persönlichkeitstyp oder an ihrer individuellen Lebensgeschichte liegen. Ich erinnere mich an eine meiner Coaching-Klientinnen. Susan hieß sie. Bei unserer zweiten Sitzung ging es um die Frage: *Was will ich?* Susan sagte: »Mir fallen eine Menge Dinge ein, zu denen ich Nein sagen will. Aber zu wissen, wozu ich Ja sagen will, ist etwas ganz anderes, nicht wahr?« »Das stimmt«, sagte ich. Susan musste geduldig mit sich sein. Aber nach einer Weile gelang es ihr, das Muster zu verändern, und von da an gab es in ihrem Leben immer mehr Jas!

Manche Menschen sagen zu oft Ja. Solange du nicht weißt, was du wirklich willst, wirst du zu vielen Dingen Ja sagen, die du nicht wirklich willst. Dann wirst du an dir zweifeln, dich zwischen widersprüchlichen Zielen hin- und hergerissen fühlen, abgelenkt oder zerstreut sein, faule Kompromisse eingehen, zu ungesunder Selbstaufopferung und Erschöpfung neigen, und Ohnmachtsgefühle werden dir zu schaffen machen. Wenn du ein Bewusstsein für das Heilige Ja in deinem Leben entwickelst, wirst du die eigene Kraft und Macht wiederentdecken. Du wirst Gnade finden und ein wirklich gesegnetes Leben führen.

Das führt uns zu der dritten spirituellen Übung in *Das Leben liebt dich!* – einer Übung, die wir *Meine Affirmations-Tafel* nennen.

Eine Affirmations-Tafel ist ein Selbstporträt. Es ist eine bildliche Darstellung von allem, wozu du Ja sagst. Wie du diese Tafel gestaltest, ist ganz dir überlassen. Es kann eine Collage aus selbst angefertigten Zeichnungen sein. Sie kann aus Fotos bestehen, die du aus Zeitschriften ausschneidest oder dir aus dem Internet ausdruckst. Du kannst stattdessen aber auch einfach eine Liste schreiben. Oder du erstellst eine Mindmap. Wie auch immer du die Affirmations-Tafel gestaltest, alles sollte sich auf einer einzigen Seite befinden.

Du erstellst deine Affirmations-Tafel, indem du in dich hineinhorchst. Wozu sagst du innerlich Ja? Diese Heiligen Jas gehören dir. Es sind die Dinge, zu denen *du* Ja sagst, nicht der Partner oder die Partnerin, nicht die Kinder oder andere Personen. Es geht nicht darum, was du mit deinem Leben anfangen *solltest,* sondern darum, dass du deiner Freude folgst. Es sind Affirmationen dessen, woran du glaubst, was du wirklich liebst und wertschätzt und was dir Freude macht. Es geht darum, dass du deine Wahrheit lebst.

Wenn Menschen zum ersten Mal eine Affirmations-Tafel anfertigen, geht es anfangs hauptsächlich darum, Dinge zu bekommen und zu besitzen. Das haben Louise und ich immer wieder beobachtet. Wir möchten dich dazu ermutigen, dass deine Affirmations-Tafel mehr sein sollte als eine Einkaufsliste. Vielleicht möchtest du ja auch bestimmte Qualitäten entwickeln, etwa Mut, Dankbarkeit oder Vergebung. Vielleicht möchtest du eine Fertigkeit entwickeln. Das könnte Meditation sein, Yoga, Malen oder Kochen. Frage dich:

* »Was möchte ich gerne lernen?«
  Oder:
* »Was möchte ich erleben?«

Auch deine Lieblings-Affirmation kann Bestandteil der Tafel sein oder ein persönliches Mantra. Der Schlüssel liegt darin, dass du dein wahres Selbst zum Ausdruck bringst – Herz und Seele. Konzentriere dich dabei aufs *Sein* und nicht aufs *Tun*.

Nimm dir für das Erstellen der Affirmations-Tafel viel Zeit. Bringe dein Selbst zum Ausdruck. Sei kreativ. Experimentiere. Es geht nicht darum, es »richtig« zu machen. Und es geht auch nicht darum, etwas zu erschaffen, das gut aussieht.

Wenn du möchtest, kannst du die fertige Tafel einem Coach oder einem guten Freund zeigen. Es ist gut, sich ein Feedback zu holen. Vieleicht weist diese Person dich auf etwas Offensichtliches hin, das du übersehen hast. Wichtig ist, dass sich die Affirmations-Tafel mit den Dingen befasst, zu denen du *heute* Ja sagst, nicht mit zukünftigen Dingen. Denke daran, dass es nicht darum geht, dem Glück nachzujagen, sondern hier und heute deiner Freude zu folgen.

* * *

4. KAPITEL

Vergeben und loslassen

Die Angst bindet die Welt.
Die Vergebung gibt sie frei.
EIN KURS IN WUNDERN[1]

Aus dem Osten ist ein Sturm aufgezogen und fegt über Kalifornien hinweg. San Diego war monatelang Wüste. Nun hängen Wolken tief über der Stadt. Es gießt in Strömen. Die Bäume im Balboa Park werden vom Wind durchgeschüttelt. Die abgestandene heiße Luft ist verschwunden, die heilende Kraft des Regens höchst willkommen. »Ich hoffe, es regnet das ganze Wochenende«, sagt Louise. »Der Regen macht alles wieder neu.«

Es ist Freitagabend, und ich bin gerade aus London angereist. Der Anflug auf den Flughafen von San Diego war zwiemlich turbulent, mit vielen Luftlöchern, und die Landung unsanft. Unsere Maschine hüpfte über die Landebahn, bis sie endlich zum Stehen kam. Es fühlt sich gut an, wieder auf festem Boden zu sein.

Louise und ich sitzen an ihrem Kamin, in dem ein behagliches Feuer brennt, und tauschen Neuigkeiten aus. Wir freuen uns, wieder Zeit zusammen zu verbringen, doch diesmal fühlt es sich anders an. Wir wissen, dass wir unsere gemeinsame Reise, deren Resultat dieses Buch ist, nun zur Hälfte zurückgelegt haben. Schon die ganze Zeit wussten wir, dass dieses Kapitel das Herzstück des Buches sein würde. Es geht um Vergebung.

Wenn man ein Buch schreibt, geht es nie nur darum, ein Buch zu schreiben. Ich würde nicht so viel schreiben, wenn das Schreiben nicht noch eine zusätzliche Dimension hätte. Schreiben ist, als würde man in einen Spiegel schauen. Das trifft besonders dann zu, wenn man sich mit großen Themen wie Glück, Heilung und Liebe befasst. Schreiben hilft uns, unsere Aufmerksamkeit zu fokussieren. Man gelangt in einen Zustand erhöhter Bewusstheit – wie in der Meditation. Diese neue Bewusstheit ist oft verstörend und befreiend zugleich. Sie fegt wie ein Sturmwind durch einen hindurch und arrangiert die Moleküle neu. Im besten Fall wird dich das Schreiben frei machen.

Ich schreibe jetzt seit mehreren Wochen. Die Worte *Das Leben liebt dich* sind mein Spiegel. Sie sind mein ständiger Fokus. Ich habe sie ganz tief in meinen Körper, mein Herz und mein Denken aufgenommen. Diese vier Worte – *Das Leben liebt dich* – sind nun fest in meinem Bewusstsein verankert. Sie sind oft da und begrüßen mich, wenn ich aufwache. Sie kommen mir während des Tages häufig in den Sinn. Sie sind immer in der Nähe, ganz egal womit ich gerade beschäftigt bin. Abends im Bett spüre ich, wie die Worte über mir kreisen, bereit, mich in einen behüteten Schlaf zu geleiten.

Meine Reaktionen auf diese Affirmation, dass das Leben mich liebt, beobachte ich aufmerksam. Jedes Mal, wenn ich *Das Leben liebt dich* höre, nehme ich deutlich wahr, wie meine Seele »Ja« sagt. Manchmal ist das ein leises Flüstern, manchmal ein lauter und freudiger Ausruf. Mit jedem Ja fühle ich mich körperlich gestärkt und zutiefst ermutigt. Ich weiß, dass das Leben mich anspornt. Allerdings muss ich zugeben, dass ich auch andere Stimmen in mir höre, die aus den dunklen Ecken meines Geistes ertönen. Diese Stimmen sind eher zynischer Natur und von Schmerz erfüllt. *Das Leben liebt dich* ist für diese Stimmen Wortgeklingel – Worte, die zu schön klingen, um wahr sein zu können.

»Ich habe eine Zeit lang gebraucht, bis ich die Worte *Das Leben liebt dich* überhaupt hören und aufnehmen konnte«, gestehe ich.

»Manche Menschen hören sie gar nicht«, sagt Louise.

»Manchmal hören sie sich für mich an wie das Evangelium«, sage ich, »aber manchmal scheinen sie nur eine belanglose positive Affirmation zu sein.«

»Ich weiß, wie sich das anfühlt«, erwidert Louise.

»Warum fällt es so schwer, uns für diese Botschaft wirklich zu öffnen?«, frage ich sie.

»Wir können es einfach nicht glauben«, sagt Louise.

»Und warum?«

»Weil wir nicht an uns selbst glauben.«

»Und warum nicht?«
»Wegen unserer Schuldgefühle.«

Schuldgefühle bedeuten, dass wir unsere Unschuld verloren haben. Wir bekommen Schuldgefühle, wenn wir die Grundwahrheit *Ich bin liebenswert* vergessen haben. Sie gehen mit der Grundangst einher: *Ich bin nicht liebenswert.* Sie sind Ausdruck mangelnden Selbstwertgefühls. Wenn wir nicht mehr an unsere Unschuld glauben – die aber unsere wahre Natur ist –, glauben wir, keine Liebe zu verdienen. Wir sehnen uns nach Liebe, aber wenn uns Liebe geschenkt wird, wenden wir uns ab, weil wir uns minderwertig fühlen. Unser mangelndes Selbstwertgefühl bewirkt, dass wir uns nicht nur nicht liebenswert fühlen, sondern uns auch uns selbst und anderen gegenüber lieblos verhalten.

Schuldgefühle sind die Angst, dass wir vielleicht früher einmal liebenswert waren, es heute aber nicht mehr sind. Schuldgefühle haben immer eine Geschichte. Diese Geschichte kann davon handeln, was du anderen Menschen angetan hast oder was dir von anderen angetan wurde. Es ist eine Geschichte von Dingen aus der Vergangenheit. Sie ist in der Gegenwart normalerweise längst beendet, und doch kann sie uns wie eine unendliche Geschichte vorkommen. Manchmal identifizieren wir uns so sehr mit unserer Schuld-Geschichte, dass wir Angst davor haben, sie hinter uns zu lassen. *Was wäre ich ohne diese Geschichte und ohne meine Minderwertigkeitsgefühle?*, fragen wir uns. Die Antwort darauf lautet, dass du wieder unschuldig wärst und dich durch und durch liebenswert fühlen würdest!

Die Schuld-Geschichte ist allen Leuten wohlvertraut. Wir alle haben eine individuelle Version dieser Geschichte. Zunächst beginnt sie in uns selbst, dann projizieren wir sie auf die Welt. Es handelt sich um eine Geschichte, die in allen großen Mythologien der Welt erzählt wird. Die Grundangst, nicht liebenswert zu sein, *ist* unsere Mythologie. Wir verwenden sie, um uns selbst zu beurteilen, zu kritisieren und abzulehnen. Aus dieser Mythologie kommt der Aberglaube, bei dem es sich um die Angst handelt, dass Gott uns verurteilt, die Welt kein sicherer Ort ist und das Leben uns nicht liebt.

Die Schuld-Geschichte beruht immer auf einem Identitätsproblem. Die Protagonistin oder der Protagonist der Schuld-Geschichte hat vergessen, wer sie oder er wirklich ist. Der Mensch, der in diese Falle geraten ist, hat den Kontakt zu seiner natürlichen Unschuld verloren. Wie Adam im Garten Eden oder Dornröschen fallen wir in einen tiefen Schlaf. Wie Ödipus und der Froschkönig träumen wir davon, Opfer eines Fluchs zu sein. Wie Theseus haben wir unser Erbe vergessen. Wie das hässliche Entlein und das Biest (in *Die Schöne und das Biest*) können wir unsere wahre Schönheit nicht sehen. Wie Odysseus und der verlorene Sohn müssen wir uns auf die Reise nach Hause begeben.

Das unkonditionierte Selbst existiert in ewiger Unschuld. Das Ego – unsere falsche, auf einem Irrtum beruhende Identität – vermag das nicht zu glauben. Es fühlt sich minderwertig und glaubt an Schuld. Das Ego glaubt, dass man sich seine Unschuld dadurch zurückkaufen kann, dass man sich schuldig genug fühlt. Doch leider gibt es keinen Umrechnungskurs zwischen Schuldgefühlen und Liebe. *Man kann sich keine Liebe erkaufen, indem man besonders viele Schuldgefühle anhäuft.* Die Schuld-Geschichte endet nur dann, wenn der Protagonist seine Minderwertigkeitsgefühle hinter sich lässt. Oft braucht es dazu einen Engel, einen Prinzen oder eine Prinzessin, die uns unsere Unschuld vor Augen führen. Wenn du deine natürliche Unschuld wieder für sich beanspruchst, entsteht daraus Heilung für alle Beteiligten, was dem Ego wie ein Wunder vorkommt.

»Den Menschen dabei zu helfen, ihre Schuldgefühle zu heilen, ist die wichtigste Arbeit überhaupt«, sagt Louise. »Solange sie sich minderwertig fühlen und sich mit Selbstvorwürfen quälen, stecken sie in einer Geschichte fest, die niemandem nützt.« Als ich Louise frage, ob Schuld irgendeinen positiven Zweck hat, antwortet sie: »Schuldgefühle haben nur eine einzige positive Funktion: Sie weisen uns darauf hin, dass wir vergessen haben, wer wir wirklich sind, und dass es Zeit ist, sich wieder daran zu erinnern.« Schuld ist Warnsignal und Alarm. Sie ertönt, wenn du dich nicht mehr im Einklang mit der wahren Natur befindest und nicht mehr aus der Liebe heraus handelst.

»Schuldgefühle vermögen nichts zu heilen«, sagt Louise.

»Erkläre das bitte«, sage ich.

»Wenn du dich wegen etwas schuldig fühlst, das du selbst getan hast, oder anderen wegen etwas Vorwürfe machst, das sie getan haben, bringt das die Vergangenheit nicht zum Verschwinden. Durch Schuldgefühle oder Vorwürfe wird die Vergangenheit nicht besser.«

»Willst du damit sagen, dass wir uns niemals schuldig fühlen sollten?«

»Nein«, antwortet Louise. »Ich sage, wir sollen Schuldgefühle oder Minderwertigkeitsgefühle als Zeichen begreifen, dass wir Heilung benötigen.«

»Aber wie lassen sich denn unsere Schuldgefühle heilen, Louise?«

»Durch Vergebung.«

Dem inneren Kind Liebe schenken

Louise und ich sitzen vor einem Spiegel in ihrem Wohnzimmer. Es ist ein großer Spiegel, ungefähr einen Meter fünfzig breit und fast einen Meter hoch. Wir beide sind darin voll und ganz sichtbar. Man kann sich nirgendwo verstecken. Es ist 9.30 Uhr am Vormittag, und ein ganzer Tag voller Gespräche und Erkundungen liegt vor uns. Louise trinkt einen selbst gemachten und sehr gesunden grünen Smoothie. Ich trinke einen Kaffee, der, darauf schwöre ich, ebenfalls sehr gesund ist. Ich sage gern, dass Kaffee uns mit dem Heiligen Geist in Kontakt bringt! Ich drücke den Aufnahmeknopf an meinem Computer. Wir sind bereit, über Vergebung zu sprechen.

»Vergebung ist ein großes Thema, Louise. Wo sollen wir beginnen?«

»Fangen wir damit an, das innere Kind zu lieben«, antwortet Louise.

»Warum ist das der Ausgangspunkt?«

»Solange du dein inneres Kind nicht liebst, hast du keine Ahnung, wie liebenswert du bist. Und du wirst nicht erkennen, wie sehr das Leben dich liebt«, erklärt sie.

»Das ist sehr tiefgründig«, sage ich und trinke einen Schluck Kaffee.

»Weil es wahr ist«, erwidert Louise lächelnd.

Louise Hay ist eine Pionierin auf dem Gebiet der therapeutischen Arbeit mit dem inneren Kind. Seit 40 Jahren unterrichtet sie Einzelpersonen und Gruppen darin. In allen ihren bedeutenden Büchern hat sie über die Liebe zum inneren Kind geschrieben. Im Vergleich dazu bin ich ein Anfänger. Ich habe ein wenig persönliche Erfahrung in der Therapie mit dem inneren Kind, aber sie liegt Jahre zurück. Ich wusste, dass wir irgendwann über dieses Thema sprechen würden, und deshalb nahm ich an einem Kurs für den richtigen Umgang mit dem inneren Kind teil. Ich tat das für mich selbst, als Teil meiner Reise zu diesem Buch. Bevor ich zum Termin mit Louise flog, hatte ich gerade meine vierte Kursstunde absolviert.

»Dadurch, dass wir lernen, unser inneres Kind zu lieben, finden wir unsere Unschuld wieder«, sagt Louise.

»Und wie liebt man das innere Kind?«, frage ich.

»So, wie man auch sein eigenes erwachsenes Selbst liebt.«

»Indem man damit aufhört, sich selbst zu kritisieren und zu verurteilen«, sage ich.

»Babys sind keine schlechten Menschen. Niemand wird schuldig geboren. Niemand ist minderwertig«, sagt Louise mit

Nachdruck und wie eine starke Löwin, die ihre Jungen beschützt.

»Meinst du wirklich ausnahmslos alle Menschen?«

»Jedes Kind wird aus dem Guten erschaffen«, sagt Louise. »Nur wenn wir dieses Gute vergessen, das in uns allen existiert, fangen wir an, uns schuldig und minderwertig zu fühlen.«

Wenn wir unsere Unschuld verlieren, vergessen wir, dass wir von Natur aus gut sind. Dass der Mensch von Natur aus gut ist, wird in vielen spirituellen und philosophischen Traditionen anerkannt. Matthew Fox, der Begründer der Schöpfungsspiritualität, nennt dieses natürliche Gutsein unseren *ursprünglichen Segen*. Er weist darauf hin, dass schon christliche Mystiker und Mystikerinnen wie Juliana von Norwich diese grundsätzlich gute Natur des Menschen betont haben. Sie schrieb:

Wie Stoff den Körper umhüllt,
Haut die Muskeln umhüllt,
Muskeln die Knochen umhüllen,
und das Herz in der Brust wohnt,
so sind wir, Körper und Seele,
gehüllt in die Güte Gottes
und ganz in ihr geborgen.

Die Grundwahrheit *Ich bin liebenswert* erhält das Feuer in uns lebendig. Wenn wir uns an diese Wahrheit über uns selbst erinnern, fühlen wir uns unschuldig und wertvoll und lassen andere am Guten in uns teilhaben. Wenn wir daran zweifeln, liebenswert zu sein, beherrscht uns die Angst, nicht liebenswert zu sein. Diese Angst bewirkt, dass wir uns selbst gegenüber schlechte Gefühle entwickeln. Wir beschwören den Mythos von der Minderwertigkeit herauf: *Ich bin nicht gut genug*. Die Stimmen aus den dunklen Ecken unseres Geistes raunen: *Ich bin schlecht*. Und: *Mit mir stimmt etwas nicht*. Wir haben das Gefühl, schlecht und voller Fehler zu sein, und wir projizieren diese Minderwertigkeitsgefühle auf unsere Beziehung zu anderen Menschen. Die Scham unseres Egos verdeckt die Unschuld unserer Seele.

»Seit ich Vater wurde, sehe ich, welchem Druck, gut zu sein, Kinder in unserer Kultur ausgesetzt sind«, sage ich zu Louise.

»Das ist mir auch schon aufgefallen«, pflichtet sie mir bei.

»Die meisten modernen Elternratgeber konzentrieren sich darauf, wie man Kinder zu gutem Verhalten erzieht. Wir vertrauen nicht darauf, dass Kinder von Natur aus gut sind«, sage ich.

»Wenn der Druck, ein gutes Mädchen oder ein guter Junge zu sein, zu groß wird, kann das zur Folge haben, dass wir uns nicht liebenswert fühlen«, sagt Louise.

»Diese Verhaltensregeln können bewirken, dass wir uns nach einem ›schlimmen Dienstag‹ sehnen«, sage ich.

»Was meinst du damit?«, fragt Louise.

»Das ist ein Kapitel in *Mary Poppins*. Michael, der kleine Junge, hat es so satt, ständig brav sein zu müssen, dass er sich den ganzen Tag schrecklich aufführt.«

»Das kennen wir alle«, sagt Louise lächelnd.

»Durch zu viel *Du sollst* und *Du musst* wird der Fluss des angeborenen Gutseins blockiert«, sage ich.

»Wenn Eltern die Verbindung zu ihrem Gutsein verloren haben, sind sie nicht in der Lage, darauf zu vertrauen, dass ihre Kinder von Natur aus gut sind«, sagt Louise.

An einem Samstagmorgen, der noch nicht lange zurückliegt, erlebten meine Kinder und ich einen Tag voller Abenteuer. Hollie nahm an einem Tagesseminar über biografische Lebensberatung teil, bei dem man die Phasen des eigenen Lebens kartografiert, von der frühen Kindheit angefangen. Bo, Christopher und ich machten uns in den Königlichen Botanischen Gärten, auch bekannt als Kew Gardens, auf die Suche nach dem goldenen Fasan. Viele Besucher haben den goldenen Fasan noch nie gesehen, wir aber schon viele Male.

Unterwegs legten wir in unserem Lieblings-Biomarkt, Oliver's Wholefoods, einen Zwischenstopp ein. Bo und ich luden gesunde Köstlichkeiten aus den Regalen in einen Einkaufswagen, der so groß war wie Christopher und von ihm tapfer geschoben wurde, wobei er darauf bestand, das allein zu können.

Wir gingen zur Kasse, und während wir in der Schlange warteten, sprach uns eine freundlich aussehende Dame an, die wir nicht kannten. »Wie heißt du denn?«, fragte sie Bo. Bo sagte es ihr. »Bist du ein braves Mädchen?«, fragte die Dame. Bo antwortete nicht. Sie wandte sich Christopher zu. »Und wie heißt du?« »Bistorfer«, sagte er, was Christopher schon ziemlich nahekommt, besonders wenn man noch ein Kleinkind ist. »Oh«, sagte sie. »Und, bist du ein braver Junge?«

Die freundlich aussehende Dame schaute in den Einkaufswagen. »Du meine Güte!«, rief sie. »Ihr müsst ja wirklich brav gewesen sein, dass Papa euch solche Leckereien kauft!« Dabei lächelte sie mich an. Bo lächelte nicht. Ich wusste, was sie dachte. Ich war mir nicht sicher, wie Christopher die Sache aufnahm. Ich hoffte, es würde zum einen Ohr hinein- und zum anderen wieder hinausgehen. »Na, ich bin sicher, dass ihr sehr brave Kinder seid. Nur sehr brave Kinder bekommen Süßigkeiten«, sagte sie.

Wir packten unsere Leckerbissen in meinen Rucksack und verließen den Laden. Nach ein paar Schritten zupfte mich Bo am Ärmel.

»Papa, wir müssen reden«, sagte sie.

»Das dachte ich mir«, sagte ich.

»Weißt du, ich will kein braves Mädchen sein.«

»Was möchtest du denn gerne sein?«

»Ich möchte ein tolles Mädchen sein!«

»Und wie ist das, ein tolles Mädchen zu sein?«

Sie erklärte es mir: »Die Leute sollen zu mir sagen: ›Du bist aber ein tolles Mädchen‹, und ich muss dann bloß ›Danke‹ sagen.«

»Bo, du bist ein tolles Mädchen«, sagte ich.

»Danke«, sagte sie und lächelte strahlend.

Zu den Themen, die ich während des Seminars zum Thema inneres Kind erforschte, gehörte der Druck, dem ich mich als Kind aussetzte, um »ein guter Junge« zu sein. Ich hatte schon früh erkannt, dass »gute Jungen« nicht angeschrien und geschlagen wurden und allgemein keinen Ärger verursachten. Ich hoffte, wenn ich immer gut und niemals böse war, würden meine Eltern nie mehr zu mir sagen: »Wir sind so enttäuscht von dir!« Ich hasste es, wenn sie das sagten. Doch es ist harte Arbeit, rund um die Uhr gut zu sein. Man muss eine Menge Gefühle unterdrücken. Man kann nicht immer die Wahrheit sagen. Manchmal muss man lügen. Und dann fühlt man sich schlecht.

Der Versuch, ein guter, braver Junge zu sein, ist aus verschiedenen Gründen ziemlich schwierig. Zunächst einmal haben Erwachsene sehr unterschiedliche Vorstellungen davon, was »gut« bedeutet. Da sind die Großeltern möglicherweise ganz anderer Meinung als die Eltern. Lehrer haben ihre eigenen Ideen dazu und die Freunde ebenfalls. Und obendrein ändern diese Meinungen sich häufig, was wirklich zum Verrücktwerden ist! Man kann nicht gewinnen. Es ist einfach unfair. Aber dagegen aufbegehren darf man auch nicht, denn dann wäre man nicht mehr brav.

Je mehr man sich bemüht, ein gutes Mädchen oder ein guter Junge zu sein, desto mehr muss man schauspielern. Und wer sich verstellt und schauspielert, ist nicht unschuldig. Es ist ein berechnender Versuch, Liebe und Anerkennung zu gewinnen oder wenigstens keinen Ärger zu bekommen. Und brav zu sein ist nur eine der Rollen, in die man schlüpfen muss. Man muss stark (»ein tapferer kleiner Soldat«), hilfsbereit (»mein kleiner Helfer«), nett (»mein kleiner Engel«) und eine kleine Erwachsene (»sei ein großes Mädchen«) sein. Es gibt noch mehr Rollen: das unsichtbare Kind, der kleine Held, der Sündenbock, das Problemkind, der Entertainer.

»Zunächst versuchte ich, ein braves Mädchen zu sein«, erinnert sich Louise. »Aber das erregte die sehr unangenehme Aufmerksamkeit meines Stiefvaters. Später versuchte ich dann, möglichst unsichtbar zu sein, um mich vor ihm zu schützen.« Wenn wir uns verstellen, egal wie, entfremden wir uns von dem natürlichen Gutsein. Aus der Grundangst, nicht liebenswert zu sein, wird der Glaube, sich Liebe verdienen zu müssen. Wenn wir diese irrige Annahme entwickeln, fühlt Liebe sich nicht mehr natürlich und bedingungslos an. Stattdessen fürchten wir, dass Liebe einen Preis hat, dass wir Leistungen erbringen und Erwartungen erfüllen müssen, um geliebt zu werden.

Wir nehmen die Rollen, die wir in der Kindheit entwickelt haben, in das Erwachsenenleben mit und spielen sie in unseren Beziehungen aus. Ohne das sichere Gefühl, von Natur aus gut zu sein, sind wir verloren. Wir suchen außerhalb von uns nach Liebe. Wir suchen einen Prinzen oder eine Prinzessin, der oder die uns von der Angst erlöst, nicht liebenswert zu sein. Wir sind gefangen im Verlies unserer Selbstzweifel und Minderwertigkeitsgefühle und hoffen darauf, dass uns jemand rettet.

Im Kinofilm *Shrek der Dritte* werden Dornröschen, Schneewittchen, Rapunzel, Cinderella, die hässliche Stiefschwester Doris, Prinzessin Fiona und ihre Mutter, Königin Lillian, von Prinz

Charming in einem Turm gefangen gehalten. Fiona will, dass die Damen einen Fluchtplan schmieden. Doch Schneewittchen sagt: »Meine Damen, Position einnehmen!« Sofort schläft Dornröschen ein, Schneewittchen legt sich hin wie in einem Sarg, und Cinderella starrt träumerisch ins Leere. »Aber was tut ihr denn da?«, ruft Fiona. Dornröschen wacht auf und sagt: »Wir warten darauf, gerettet zu werden.« Dann schläft sie wieder ein.

In *Pretty Woman*, einem modernen Märchen, wird die Hollywood-Prostituierte Vivian Ward, gespielt von Julia Roberts, von dem reichen Geschäftsmann Edward Lewis, gespielt von Richard Gere, als Begleitung für gesellschaftliche Events engagiert. Aus der geschäftlichen Beziehung wird schnell Liebe. Lewis ist der Meinung, er würde Ward retten, aber sie hat ganz andere Vorstellungen. In der letzten Szene fährt Prinz Edward in einer weißen Limousine vor und ruft nach Prinzessin Vivian. Er klettert über die Feuerleiter zu ihrem Apartment hinauf. Als er endlich bei ihr ist, fragt er: »Was also geschah, nachdem er auf den Turm geklettert war und sie rettete?« Vivian erwidert: »Gleich darauf rettet sie ihn.«

Das Opfer und der Retter spielen eine Rolle in dem Bemühen, Liebe zu erringen. Doch in keiner dieser Geschichten kann es ein echtes Happy End geben – und auch in keiner unserer Beziehungen –, solange wir nicht anerkennen, dass wir von Natur aus gut sind. Bei dieser Selbstfindung kann uns jeder andere Mensch eine Hilfe sein. Tatsächlich werden wir Hilfe brauchen. Doch letztlich müssen wir selbst die Entscheidung treffen, uns darauf zu besinnen, dass wir grundsätzlich gut und unschuldig sind. Diese Entscheidung ist eine Reise der Vergebung, eine Reise, die uns wieder zur Liebe zurückführt.

»Das innere Kind zu lieben bedeutet, dass wir uns den Verlust unserer Unschuld und unseres Gutseins vergeben«, sagt Louise. »In Wahrheit haben wir uns nach Kräften bemüht, mit dem Wissen, das uns in der Kindheit zur Verfügung stand. Und dennoch verurteilen und bestrafen wir uns häufig noch immer dafür, es nicht besser gemacht zu haben, Fehler begangen zu haben, andere verärgert zu haben und als Kinder nicht gut genug gewesen zu sein. Solange wir uns selbst nicht vergeben, sind wir gefangen in einem Kerker aus selbstgerechter Verbitterung. Vergebung ist der einzige Weg aus diesem Gefängnis. Vergebung befreit uns.«

Louise und ich beenden unser Gespräch über Vergebung und das innere Kind mit einer Meditation vor dem Spiegel. Diese Meditation geschah spontan, aber ich habe sie rekonstruiert. Wenn du magst, übernimm diese Meditation zum inneren Kind. »Ermutige die Leserinnen und Leser, vor dem Spiegel zu meditieren«, sagt Louise.

Setze dich also für diese Meditation vor einen Spiegel. Lege die Hände aufs Herz. Atme tief durch. Betrachte dich mit den Augen der Liebe. Und sprich liebevoll mit dir.

Ich bin liebenswert, und das Leben liebt mich.
Ich vergebe mir, dass ich immer wieder fürchtete,
nicht liebenswert zu sein.

Ich bin liebenswert, und das Leben liebt mich.
Ich vergebe mir, dass ich mich verurteilte und
dass ich nicht glaubte, gut zu sein.

Ich bin liebenswert, und das Leben liebt mich.
Ich vergebe mir, dass ich mich minderwertig fühlte
und glaubte, keine Liebe zu verdienen.

Ich bin liebenswert, und das Leben liebt mich.
Ich vergebe mir, dass ich mich so oft
kritisierte und mit Selbstvorwürfen quälte.

Ich bin liebenswert, und das Leben liebt mich.
Ich vergebe mir, dass ich mich selbst ablehnte
und nicht mehr an mich glaubte.

Ich bin liebenswert, und das Leben liebt mich.
Ich vergebe mir, dass ich an mir zweifelte
und mir selbst nicht vertraute.

Ich bin liebenswert, und das Leben liebt mich.
Ich vergebe mir meine Fehler.

Ich bin liebenswert, und das Leben liebt mich.
Ich bitte um Vergebung, damit ich lernen kann.
Ich bitte um Vergebung, damit ich wachsen kann.
Ich bin liebenswert, und das Leben liebt mich.

»Bei welchen Menschen fällt dir Vergebung am schwersten?«, frage ich Louise.

»Sicherlich bei meiner Mutter und meinem Stiefvater, aber bei meinem Stiefvater ganz besonders«, antwortet sie.

»Was war das größte Geschenk, als du ihnen dann doch vergabst?«

»Die Vergebung befreite mich«, sagt sie.

»Was meinst du damit?«

»Ich floh aus einem Zuhause, in dem körperliche Gewalt und sexueller Missbrauch herrschten. Um zu überleben, musste ich von meinem Zuhause weglaufen. Aber schon sehr bald geriet ich wieder in Schwierigkeiten und erlebte noch mehr sexuellen Missbrauch«, sagt Louise.

»Weglaufen allein ist noch keine Lösung.«

»Richtig. Ich konnte noch so viel räumliche Distanz zwischen mir und meiner Kindheit, mir und meinem Stiefvater schaffen, doch dadurch zu entkommen gelang mir nicht«, sagt sie.

»Wovor entkommen?«

»Ich schleppte enorme Schuldgefühle mit mir herum. Ich tat, was alle Kinder tun: Ich gab mir selbst die Schuld an dem, was geschehen war. Diese Schuldgefühle nahm ich in die neuen Beziehungen mit, auf die ich mich einließ. Ich wurstelte mich irgendwie durch. Ich war eine pflichtbewusste Ehefrau. Ich lebte mein Leben, so gut ich es konnte, aber ich war nicht wirklich lebendig«, sagt sie.

»Das heißt, du hast funktioniert, konntest dich aber nicht entfalten.«

»Genau. Und nachdem mein Mann die Scheidung einreichte, funktionierte ich noch nicht einmal mehr. Dann wurde bei mir Scheidenkrebs festgestellt. Da beschloss ich, nicht länger wegzulaufen«, sagt Louise.

»Du warst es leid, vor dir selbst zu fliehen?«

»Ja. Und ich wusste, dass meine Schuldgefühle, meine Wut und Verbitterung darüber, als Kind körperlich, seelisch und sexuell missbraucht worden zu sein, den Krebs verursacht hatten«, sagt sie.

»Woher wusstest du das?«

»Ich fühlte mich, als trüge ich eine dieser elektronischen Fußfesseln, die Häftlingen angelegt werden, wenn sie wegen guter Führung auf Bewährung entlassen werden. Vergebung bedeutete, dass ich die Fußfessel abnehmen und frei sein konnte«, sagt sie.

»Was war der erste Schritt in die Freiheit?«

»Zunächst einmal musste ich aufhören davonzulaufen. Dann musste ich in den Spiegel schauen und mich meiner Vergangenheit stellen. Was ich mit meinem Stiefvater erlebt hatte, war nicht okay, aber es war auch nicht okay, dass ich mich dafür immer noch bestrafte«, sagt Louise.

»Irgendwann müssen wir uns entscheiden, ob wir an unserer Verbitterung festhalten oder doch lieber frei sein wollen.«

»Ja. Und zunächst wollte ich gar nicht vergeben, aber ich wollte auch nicht krebskrank sein, und ich wollte mich von meiner Vergangenheit befreien«, sagt Louise.

»Und wie bist du dem Gefängnis entkommen?«

»In *Ein Kurs in Wundern* las ich, dass alle Krankheiten dadurch entstehen, dass wir nicht zur Vergebung bereit sind, und dass Vergebung alle Schuld und alle Furcht zu heilen vermag. Ich fragte meine innere Stimme, ob das wirklich wahr ist, und sie sagte: ›*Ja!*‹«.

»Die Wahrheit befreit!«

»Meine Bereitschaft zur Vergebung öffnete die Gefängnistür. Es erforderte Mut, meine Zelle zu verlassen. Einige ausgezeichnete Lehrer und Therapeuten halfen mir dabei. Sie zeigten mir, dass Vergebung ein Akt der Selbstliebe ist. Ich tat es schließlich für mich«.

»In *Ein Kurs in Wundern* heißt es, dass es ein Geschenk an uns selbst ist, wenn wir vergeben.«

»Ich musste vergeben, um frei zu werden. Also vergab ich mir, zugelassen zu haben, dass Schuldgefühle und Verbitterung meinen Körper schädigten. Ich vergab mir, dass ich mich nicht liebenswert fühlte. Ich vergab mir die Schuldgefühle, die ich mit mir herumtrug. Ich vergab meinen Eltern. Ich vergab meiner Vergangenheit. Und dafür wurde mir dieses Leben geschenkt, das ich nun seit 40 Jahren lebe. Vergebung ermöglichte es mir, Louise Hay zu sein und mein wahres Selbst zu leben. Das ist das wirkliche Geschenk der Vergebung.«

»Amen.«

Deine Beziehung zu den Eltern war der erste Spiegel in deinem Leben. Wie sehr die Eltern in der Lage waren, dir Liebe zu spiegeln, hing davon ab, wie liebenswert sie sich selbst fühlten und wie sehr sie sich vom Leben lieben ließen. Als Kind hieltest du für wahr, was die Eltern dir spiegelten. Da das dein erster Spiegel war, beeinflusst er, was du in jedem anderen Spiegel siehst und somit auch in sämtlichen Beziehungen zu anderen Menschen. Während deiner Heilungsreise kehrst du zu diesem ersten Spiegel zurück. Nun musst du bereit sein, erneut hineinzuschauen, ohne Urteile, Schuldgefühle und Bitterkeit. Dann wird sich das, was du dort erblickst, verändern, und diese Veränderungen werden sich auch in allen anderen Spiegeln zeigen.

Du solltest den Einfluss der Eltern auf dein Leben nicht unterschätzen. Aus ihren Körpern ging dein Körper hervor. Sie gaben dir ihren Namen. Und die Sprache der Eltern ist höchstwahrscheinlich deine Muttersprache. Das gilt in der Regel auch für die Nationalität und Religion. Auch politische Ansichten und ebenso Vorurteile und Ängste hast du möglicherweise von den Eltern übernommen. Doch so groß der elterliche Einfluss auch gewesen sein mag, du solltest die heilige Kraft in dir nicht unterschätzen, die dich dazu antreibt, dein eigenes Leben zu führen.

Der libanesische Dichter Khalil Gibran hat wunderbare Ratschläge für Eltern hinterlassen: In seinem Buch *Der Prophet* ermutigt er uns dazu, »die Geheimnisse des Herzens« zu erkennen und »einander zu lieben, aber aus der Liebe keine Fessel zu machen«. Eltern ermahnte er:[2]

Eure Kinder sind nicht eure Kinder.
Sie sind die Söhne und Töchter
der Sehnsucht des Lebens nach sich selbst.
Sie kommen durch euch, aber nicht von euch,
und auch wenn sie noch mit euch sind,
gehören sie euch nicht.

Dieser weise Rat lässt sich, wenn man die Worte ein wenig verändert, auch Kindern geben, um ihnen zu helfen, ihr eigenes Leben zu leben. Ich habe ihn folgendermaßen umformuliert:

Eure Eltern sind nicht eure Eltern.
Sie sind die Söhne und Töchter
der Sehnsucht des Lebens nach sich selbst.
Ihr kommt durch sie, aber nicht von ihnen,
und auch wenn sie noch mit euch sind,
gehört ihr ihnen nicht.

Die Eltern sind nicht nur der erste Spiegel, sie sind auch die ersten Lehrer. »Von unseren Eltern lernen wir eine Menge über Vergebung oder das Gegenteil davon«, sagt Louise. Kinder übernehmen anfangs Ansichten und Verhaltensweisen der Eltern. In den ersten Jahren lernen Kinder vor allem durch Nachahmung. Das, was du von den Eltern lernst, ist sozusagen die erste »Bibel«. Einiges davon wird hilfreich sein, aber nicht alles. Die eigene heilige Stimme wirst du nur hören können, wenn du bereit bist, das eine oder andere Gelernte wieder zu verlernen.

Während dieses Buch entstand, haben Louise und ich parallel dazu ein Schulungsprogramm entwickelt, ebenfalls mit dem Titel *Das Leben liebt dich*. Ein Modul dieses Programms beschäftigt sich mit familiären Mustern und Vergebung. In diesem Modul erforschst du, was die Eltern dir zum Thema Vergebung beigebracht haben. Wir haben einen Fragebogen entworfen, der dir dabei hilft. Hier sind einige der Fragen:

* War deine Mutter ein zur Vergebung bereiter Mensch?
* Was hat sie dir zum Thema Vergebung beigebracht?
* Wie ging deine Mutter mit Konflikten um?
* Wie reagierte sie auf Kummer und Schmerz?
* Wie zeigte dir deine Mutter, dass sie dir verziehen hatte?
* Auf welche Weise bat sie selbst um Vergebung?

* War dein Vater ein zur Vergebung bereiter Mensch?
* Was hat er dir zum Thema Vergebung beigebracht?
* Wie ging dein Vater mit Konflikten um?
* Wie reagierte er auf Kummer und Schmerz?
* Wie zeigte dir dein Vater, dass er dir verziehen hatte?
* Auf welche Weise bat er selbst um Vergebung?

Unsere Eltern sind die ersten Menschen, die uns Gelegenheit geben, Vergebung zu praktizieren. Das trifft auch dann zu, wenn sie sehr liebevolle Eltern waren. Der Unterricht in Vergebung beginnt für Eltern und Kind gleich nach der Geburt. Er findet fortlaufend statt, nur von kurzen Pausen, meistens Schlafpausen, unterbrochen. Eltern und Kinder sind zugleich Schüler und Lehrer. Für beide gibt es immer wieder eine Menge zu lernen. Es gibt gute und schlechte Tage. Und jeder Tag bringt neue Gelegenheiten, zu vergeben.

Wo Liebe ist, gibt es auch Vergebung. Mit Liebe geht Vergebung so natürlich einher, dass sie gar keinen Namen braucht. Liebe ist Vergebung. Liebe löst Kummer auf, ehe er sich in Gift verwandeln kann. Liebe heilt dich schneller, als eine Wunde entsteht. Liebe leistet Widergutmachung, sodass du nicht in die Irre gehst. Und doch entfernen wir uns von der Liebe, sowohl uns selbst wie auch anderen Menschen gegenüber. Wir vergessen die Grundwahrheiten, dass wir liebenswert sind und dass das Leben uns liebt. Diese Vergesslichkeit verschleiert uns den Blick und verzerrt unsere Wahrnehmung. Erst dadurch wird Vergebung notwendig.

In jeder Familie ist Vergebung ein Thema. Die Geschichte dieser Vergebung ist Teil des menschlichen Dramas und Teil unseres persönlichen Dramas. Eltern gelingt es nie, völlig ihr ideales Selbst zu leben, und daher müssen sie lernen, sich selbst zu vergeben, um zu wirklich liebevollen Männern und Frauen zu werden. Kinder müssen lernen, ihren Eltern zu vergeben, dass diese einfach sie selbst und unvollkommen waren. Sonst wachsen Kinder nicht zu gesunden Erwachsenen heran, die frei sind, ihr wahres Selbst zu leben. Wie gesagt, deine Beziehung zu den Eltern ist dein erster Spiegel. Daher mache dir Folgendes klar:

Was du deinen Eltern
nicht vergibst, wirst du
dir selbst antun.

Was du deinen Eltern nicht vergibst,
wirst du immer wieder
anderen Menschen vorwerfen.

Was du deinen Eltern nicht vergibst,
wirst du deinen Kindern gegenüber manifestieren,
sodass deine Kinder es später
dir vorwerfen werden.

Sich von Kummer befreien

Der zweite Tag unseres Gesprächs über Vergebung schreitet voran. In San Diego regnet es immer noch. Windböen blasen gegen die Fenster. Tief hängende Wolken fegen über den Himmel. Manchmal reißt die Bewölkung auf, und kleine Flecken blauen Himmels werden sichtbar. Irgendwo dort oben ist die Sonne. Louise und ich haben die meiste Zeit drinnen verbracht. Lediglich für einen Trip zum Biomarkt haben wir das Haus verlassen, um für das Abendessen einzukaufen. Unsere Gespräche waren intensiv, erhellend und heilend. Beim Thema Vergebung gibt es immer noch etwas dazuzulernen, dafür braucht es nur ein wenig Bereitschaft und innere Offenheit.

»Louise, was ist wahre Vergebung?«, frage ich.

»Vergebung heißt loslassen«, antwortet sie.

»Was sollen wir denn loslassen?«

»Die Vergangenheit, Schuldgefühle, Verbitterung, Angst und alles, was nicht Liebe ist«, sagt sie.

»Das fühlt sich gut an.«

»Wahre Vergebung fühlt sich gut an«, sagt Louise lächelnd.

»Und was hilft uns beim Loslassen?«

»Nun, in meinem Fall half es mir sehr, zu verstehen, was meine Eltern in ihrer Kindheit erlebt hatten«, sagt sie.

»Was hast du daraus gelernt?«

»Mein Stiefvater hatte eine sehr schwere Kindheit. Er wurde von beiden Eltern misshandelt. Er wurde wegen schlechter Schulnoten immer wieder streng bestraft. Sein Zwillingsbruder wurde in eine Nervenheilanstalt eingewiesen. Über seine Mutter hat er nie gesprochen. Er floh schon als ganz junger Mensch aus der Schweiz in die Vereinigten Staaten. Er lief wie ich fort.«

»Wie haben dir diese Erkenntnisse geholfen?«

»Ihn zu verstehen bedeutet nicht, sein Handeln zu entschuldigen«, sagt sie mit Nachdruck. »Aber das Verständnis gab mir eine neue Perspektive. Es half mir, Mitgefühl für mich selbst und später auch für ihn zu entwickeln. Vor allem aber half es mir, mich von der Vorstellung zu lösen, es sei alles meine Schuld gewesen.«

»Vergebung heißt also, wirklich loszulassen«, sage ich, während ich das Gesagte auf mich wirken lasse.

»Ja, so ist es«, stimmt Louise zu.

Heilung ist Befreiung von der Vergangenheit. Bei jedem Menschen finden sich in der Vergangenheit einige leidvolle, schmerzhafte Erfahrungen. Es gibt nur einen Weg, unsere Vergangenheit zu überleben: Wir müssen vergeben und verzeihen. Ohne Vergebung bleiben wir an die Vergangenheit gebunden. Unser Leben kommt nicht vom Fleck, weil wir uns nicht vorwärtsbewegen. Die Gegenwart kann uns dann keinen Trost spenden, weil wir gar nicht wirklich in ihr angekommen sind. Und wir denken, die Zukunft würde uns noch mehr vom Gleichen bringen, weil wir nur die Vergangenheit sehen. In Wirklichkeit ist die Vergangenheit längst vorbei, aber nicht in unserer Denkweise. Und deshalb leiden wir immer noch.

Solange du nicht vergibst, wirst du deine Zukunft der Vergangenheit opfern, also rückwärtsgerichtet leben. Doch durch Vergebung lernst du, dass das wahre Sein nichts mit dem zu tun hat, was in der Vergangenheit geschah. Deine Erfahrungen sind nicht deine Identität. Sie können einen starken Einfluss auf dich ausüben, definieren dich aber nicht. Das, was du einem anderen Menschen angetan hast oder was dir von anderen angetan wurde, ist nicht das Ende deiner Geschichte. Du kannst für dich eine neue Zukunft erschaffen, wenn du sagst: »Ich bin nicht meine Vergangenheit« und »Ich bin bereit, das zu vergeben, was in meiner Vergangenheit geschah«. Durch Vergebung beginnst du ein neues Kapitel. Heilung bedeutet Befreiung von Schuldgefühlen. Wir sagen: »Hätte ich doch nur anders gehandelt, oder hätten die andern sich nicht so verhalten, dann ginge es mir jetzt gut.« Wir alle haben uns schon mal gewünscht, etwas in unserer Vergangenheit wäre anders gelaufen. Schuldgefühle sind eine düstere Lektion, aber sie sind keine Lösung. Wenn du immer weiter damit fortfährst, dich zu bestrafen und andere anzugreifen, ändert sich nichts. Durch Vergebung lässt sich die Vergangenheit nicht ändern, aber du kannst die Bedeutung ändern, die du ihr beimisst. Statt dich selbst zu bestrafen, kannst du zum Beispiel die Vergangenheit nutzen, um Wiedergutmachung zu leisten, dein wahres Selbst zu entdecken und zu leben. Dann ist die Vergangenheit nicht länger ein Gefängnis, sondern sie wird zur Tür in eine bessere Zukunft.

»Durch Vergebung lernte ich, dass meine Vergangenheit vorbei ist, sosehr ich mir auch wünschte, sie zu ändern«, berichtet

Louise. »Mithilfe der Vergebung konnte ich meine Vergangenheit nutzen, um zu lernen, mich weiterzuentwickeln und Verantwortung für mein Leben in der Gegenwart zu übernehmen.« Es kommt letztlich nicht darauf an, was in der Vergangenheit geschah, sondern was du in der Gegenwart damit anfängst. »Der gegenwärtige Augenblick ist unser Kraftpunkt«, sagt Louise. »Nur im Jetzt können wir schöpferisch sein.« Durch Vergebung änderst du deine Beziehung zur Vergangenheit, und dadurch ändert sich auch dein Verhältnis zu Gegenwart und Zukunft.

Heilung heißt, dass wir uns von Angst befreien. In *Ein Kurs in Wundern* wird ein höchst drastisches und verstörendes Bild des unversöhnlichen Geistes gezeichnet. In Lektion 121, 2 »Vergebung ist der Schlüssel zum Glück«, heißt es:[3]

> *Der Geist, der nicht vergibt, ist voller Angst und lässt der Liebe keinen Raum, sie selbst zu sein, und keinen Platz, wo sie in Frieden ihre Flügel öffnen und sich über den Tumult der Welt erheben kann. Der Geist, der nicht vergibt, ist traurig, ohne Hoffnung auf eine Ruhepause und Erleichterung aus dem Schmerz. Er leidet und verharrt im Elend, späht in der Dunkelheit umher, ohne zu sehen, doch überzeugt von der dort lauernden Gefahr.*

Ohne Vergebung bleiben wir in unserer Angst gefangen.

»Wenn jemand sagt: ›Ich kann nicht vergeben‹, heißt das eigentlich: ›Ich will nicht vergeben‹«, sagt Louise. »Und Menschen wollen nicht vergeben, weil sie Angst davor haben.«

Die meisten Ängste in Zusammenhang mit Vergebung sind, wie ich es nenne, theoretische Ängste. Sie machen uns zu schaffen, bevor wir vergeben, doch wenn wir einmal vergeben haben, verschwinden sie. Zum Beispiel ist nichts weiter von der Wahrheit entfernt als die Angst, dass es uns schwach und verletzlich macht, wenn wir uns selbst oder anderen vergeben. Auch bedeutet Vergebung nicht, dass du die Vergangenheit vergisst. Sie bedeutet, dass du nicht vergisst, in der Gegenwart zu leben.

Letztlich ist die Angst vor der Vergebung nicht so schrecklich wie die Angst, in der wir gefangen sind, solange wir nicht zur Vergebung bereit sind. Es verursacht mehr Angst, an Kummer festzuhalten, als sich von ihm zu lösen. Sich selbst zu bestrafen macht viel mehr Angst als Heilung und Erwachen. Es ist schmerzhaft, Kummer mit sich herumzutragen. Natürlich ist es notwendig, über die Vergangenheit zu trauern. Doch es kommt der Moment, wo man sich entscheiden muss, ob man immer weiter leiden oder den alten Kummer hinter sich lassen will. Wenn du leidest, wird dadurch das Leben nicht besser, für dich nicht und auch niemanden sonst. Leiden ist ein Warnsignal, ein Weckruf.

»Vergebung ist Gegenwart«, heißt es in *Ein Kurs in Wundern*. Im gegenwärtigen Augenblick lösen wir uns von der Vergangenheit. Im gegenwärtigen Augenblick gibt es keine Furcht. Im gegenwärtigen Augenblick gibt es keine Schuldgefühle. Im gegenwärtigen Augenblick können wir die Bedeutung der Vergangenheit auflösen. Im gegenwärtigen Augenblick wird eine neue Zukunft geboren. Durch Vergebung erinnern wir uns an die Grundwahrheit: *Ich bin liebenswert*. Durch Vergebung lassen wir zu, dass das Leben uns liebt. Durch Vergebung können wir zur liebevollen Präsenz für die Menschen in unserem Leben werden.

Vergebung eröffnet uns eine wunderschöne Vision für die Zukunft. Durch Vergebung können wir Liebe verbreiten – von innen nach außen, in der Familie, im Freundeskreis, gegenüber Fremden, Feinden und der ganzen Welt. So beenden wir den Zyklus der Angst und des Schmerzes, der Schuldzuweisungen und Schuldgefühle, der Rache und der Angriffe. So erschaffen wir eine bessere Zukunft für unsere Kinder. In seinem Buch *Das Tao Te King für Eltern* zeigt William Martin auf wundervolle Weise, wie wir durch Selbstakzeptanz und unsere eigene Heilung mithelfen können, die Zukunft zu heilen. Er schreibt:[4]

Wie lernen Kinder, ihre Fehler zu korrigieren?
Indem sie beobachten, wie Sie Ihre Fehler korrigieren.
Wie lernen Kinder, Fehlschläge zu überwinden?
Indem sie beobachten, wie Sie Ihre überwinden.
Wie lernen Kinder, sich selbst zu vergeben?
Indem sie zusehen, wie Sie sich selbst vergeben.
Daher sind Ihre Fehler und Ihre Misserfolge
Geschenke und Gelegenheiten, als Eltern Ihr Bestes zu geben.
Und jene, die Sie auf Ihre Fehler hinweisen,
sind nicht Ihre Gegner, sondern die wertvollsten Freunde.

ÜBUNG 4

Die Skala der Vergebung

Es ist Montagmorgen, Louise und ich fassen unser Gespräch über Vergebung zusammen. Der Sturm ist vorüber. San Diego kann wieder leuchtend blauen Himmel und Sonnenschein genießen. Die Luft fühlt sich so frisch an, als wäre sie noch nie geatmet worden. Es war ein großartiges Wochenende für uns, und wir haben beide das Gefühl, dass heute etwas Neues beginnt.

Vergebung ist ein Neuanfang. Sie eröffnet dir wieder die Gesamtheit aller Möglichkeiten, die in der Liebe existiert. Sie kann wunderbare Wirkungen hervorbringen. Vergebung hilft, dir über deine Vergangenheit klar zu werden. Sie ermutigt dich dazu, ehrlich anzuschauen, was wirklich geschah, daraus zu lernen, dich für die Heilung zu öffnen und die Segnungen zu empfangen. Durch Vergebung lernst du, dass der Schmerz nicht dadurch verschwindet, dass du an ihm festhältst. Durch Schuldgefühle und Verbitterung ist niemandem geholfen. Zu sterben hilft den Lebenden nicht. Vergebung ist der Rückweg zur Liebe. Liebe hilft uns, wieder zu leben.

»Wir müssen nicht wissen, wie man vergibt. Wir müssen nur bereit dazu sein«, sagt Louise. Zur Vergebung Ja zu sagen ist der erste Schritt. Wenn du affirmierst: *Ich sage Ja zur Vergebung,* wird dadurch etwas in dir aktiviert, und die Heilung beginnt. Schon deine innere Bereitschaft genügt, und die Heilung vollzieht sich ganz von selbst. Du triffst dann die richtigen Menschen und findest die Hilfe, die du auf dem Weg benötigst. Wenn du bei jedem Schritt Ja zur Vergebung sagst, kann die Heilungsreise dich aus der Vergangenheit in die Gegenwart und in eine völlig neue Zukunft führen.

Unsere spirituelle Übung in diesem Kapitel nennen wir *Die Skala der Vergebung*. Diese Übung hilft dir, die notwendige Bereitschaft zu kultivieren, um die Segnungen völliger Vergebung erleben zu können. Die Skala der Vergebung reicht von 0 bis 100 Prozent. Beginne, indem du dich auf eine bestimmte Person konzentrierst. Dafür kannst du dich selbst auswählen, was immer eine gute Idee ist. Oder du entscheidest dich für eine andere Person. Das kann auch jemand sein, auf den du nur leicht ärgerlich bist. Du wirst feststellen, dass es tatsächlich in deinem Leben niemanden gibt, gegenüber dem nicht zumindest ein ganz leichter Anlass für Kummer besteht.

Bereite dich wie für eine Meditation vor. Erde dich, atme tief, und lass den Körper entspannen. Wende deine Aufmerksamkeit dem Menschen zu, für den du dich entschieden hast. Wenn du bereit bist, frage dich: »Wie weit habe ich auf einer Skala von 0 bis 100 Prozent diesem Menschen vergeben?« Achte dabei auf die Antwort, die dir zuallererst in den Sinn kommt. Sei ehrlich mit dir. Das Ziel hierbei ist nicht, ein guter Mensch zu sein oder es richtig zu machen, spirituell oder nett zu sein. Versuche nicht, eine Rolle zu spielen. Du möchtest dich selbst befreien. Jede Antwort ist eine gute Antwort, weil du dann etwas hast, womit du arbeiten kannst.

Nehmen wir an, deine Antwort ist 72 Prozent. Achte zunächst darauf, wie es sich anfühlt, auf der Skala bei 72 Prozent zu sein. Wie wirkt sich das auf dein Leben aus? Wie wirkt es sich auf dein Glücklichsein aus, deine Gesundheit, deinen Erfolg? Wie wirkt es sich auf deine zwischenmenschlichen Beziehungen aus – auf die Fähigkeit, sich auf andere einzulassen, ihnen zu vertrauen und zu vergeben? Wie wirkt es sich auf dein Verhältnis zum Essen, zu Fülle, Geld, Kreativität und Spiritualität aus?

Nun folgt der nächste Schritt: Stell dir vor, dass du den Wert auf der Vergebungsskala auf 80 Prozent erhöhst. Wenn du möchtest, kannst du dabei auch in Ein-Prozent-Schritten vorgehen. Wenn du 80 Prozent erreicht hast, affirmiere: *Ich bin bereit, mir selbst zu 80 Prozent zu vergeben*. Sage das ein paarmal, und beobachte deine Reaktionen. Achte auf körperliche Empfindungen, Emotionen und Gedanken. Bleibe bei diesem Wert, bis du dich damit wohlfühlst. Gehe dann auf der Skala noch weiter nach oben, auf 85 Prozent, dann auf 90 Prozent und schließlich auf 95 Prozent.

Jeder Schritt nach oben auf der Vergebungsskala hilft dir, immer mehr die Grundangst hinter dir zu lassen, nicht liebenswert zu sein. Stattdessen wirst du immer mehr die Grundwahrheit erleben: *Ich bin liebenswert*. Jeder Schritt hilft dir, dir bewusst zu werden, dass das Leben dich liebt und will, dass du frei von Schuldgefühlen, Schmerz und Angst bist. Jeder Schritt hilft dir, Heilung, Gnade und Inspiration zu erfahren, wovon du selbst und deine Mitmenschen profitieren werden.

Stell dir vor, dass du bei 100 Prozent ankommst und sagst: »Ich bin bereit, mir selbst zu 100 Prozent zu vergeben.« Bei der Skala der Vergebung geht es um deine Bereitschaft, innere Blockaden aufzulösen, die dich hindern, dir selbst und anderen zu vergeben und Liebe zu erfahren. In gewisser Weise trainierst du das Vergeben. Es ist ein Akt der Imagination. Doch deine Imagination und schöpferische Fantasie sind sehr mächtig. Albert Einstein sagte: »Imagination ist alles. Sie ist die Vorschau auf die künftigen Attraktionen des Lebens.«

Wir empfehlen dir die Nutzung der Vergebungsskala, um zu bestimmen, wie weit du dir selbst und anderen Menschen bereits vergeben hast. Frage dich:

VON 0 BIS 100 PROZENT –
wie weit habe ich mir selbst vergeben?

VON 0 BIS 100 PROZENT –
wie weit habe ich meiner Mutter vergeben?

VON 0 BIS 100 PROZENT –
wie weit habe ich meinem Vater vergeben?

VON 0 BIS 100 PROZENT –
wie weit habe ich meinen Verwandten vergeben?

VON 0 BIS 100 PROZENT –
wie weit *habe ich meinen Freunden, Expartnern, Nachbarn vergeben?*

VON 0 BIS 100 PROZENT –
wie weit habe ich allen Menschen vergeben?

Stell dir stets die Frage: »Von 0 bis 100 Prozent – wie weit habe ich [mir selbst oder Name der Person] vergeben?« Beginne mit der Prozentzahl, die dir zuerst in den Sinn kommt, gehe dann von dort die Skala aufwärts. Schon ein Prozent mehr wird dir helfen, dich von der Vergangenheit zu lösen und eine bessere Zukunft zu erschaffen.

Wir empfehlen, dass du diese Übung sieben Tage lang einmal täglich durchführst. Achte darauf, was während dieser sieben Tage in deinem Leben geschieht. Beobachte, wie du anderen gegenüber auftrittst und wie diese auf dich reagieren. Achte auf kleine Wunder, die sich ereignen. Menschen bezeichnen die Vergebung oft als Wunder, weil sich schon dadurch, dass sie einer einzigen Person vergeben, ihre Beziehung zu allen Menschen und der Welt insgesamt positiv verändert.

Louise und ich glauben, dass *Die Skala der Vergebung* eine sehr machtvolle Übung ist. Falls du in der Vergangenheit traumatische Erfahrungen machen musstest, empfehlen wir deshalb dringend, diese Übung nicht allein durchzuführen. Bitte einen guten Freund, einen Therapeuten oder Coach um Beistand. Sei sanft mit dir. Vergebung ist ein Ausdruck von Liebe und sollte stets ein liebevoller Prozess sein. Liebe ist die heilende Macht, die uns zu unserer Unschuld zurückführt. Liebe ist die Reise nach Hause.

* * *

5. KAPITEL

Jetzt dankbar sein

Erwache mit beflügeltem Herzen
und danke für einen weiteren Tag voll Liebe.
KHALIL GIBRAN, THE COLLECTED WORKS[1]

Weißt du, was Louise Hay morgens nach dem Aufwachen als Erstes macht? Nun, Zähne putzen und zur Toilette gehen ist es nicht! Auch nicht Rumba tanzen.

Ich will nicht sagen, dass sie diese Dinge nicht erledigt, aber als Erstes macht sie etwas anderes. »Wenn ich aufwache, noch bevor ich die Augen öffne, danke ich meinem Bett für den guten Nachtschlaf«, sagt Louise. Nun frage ich dich, liebe Leserin und lieber Leser, kennst du noch jemanden, der das tut? Stell dir vor, wie es wäre, wenn du, noch ehe du die Augen öffnest, jeden Tag mit Dankbarkeit beginnen würdest.

»Louise, du bist der einzige Mensch, den ich kenne, der sich bei seinem Bett für die gute Nacht bedankt«, sage ich.

»Dann freut es mich für dich, dass du endlich jemanden kennengelernt hast, der das tut«, erwidert sie.

»Aber es ist nicht gerade normal, oder?«, scherze ich.

»Ich bin nicht daran interessiert, normal zu sein«, entgegnet sie.

»Das Normale wird überbewertet.«

»Allerdings!«

»Wann hast du denn begonnen, dich bei deinem Bett für den guten Schlaf zu bedanken?«

»Oh, ich weiß es nicht«, antwortet sie, als hätte sie das immer schon getan.

»War es vor 30 oder vor 40 Jahren?«

»Eines Tages wachte ich auf und dachte: *Oh, schrecklich! Wieder ein neuer Tag!*«, sagt sie und lacht herzlich.

»Na, das ist ja eine tolle Affirmation!«

»Ja, und so scheußlich wurde der Tag dann auch.«

Heute beginnt Louise ihre Tage mit Dankbarkeit. »Es ist wunderbar, so in den Tag zu starten«, sagt sie. Doch wie bei den Affirmationen macht sie es auch hier nicht so, dass sie nach einer zehnminütigen Dankbarkeitsübung in den Alltag geht, als sei nichts gewesen. Sie legt großen Wert darauf, ihre Dankbarkeit mit in den Tag zu nehmen. Sie hat überall Erinnerungshilfen angebracht. Unter dem Spiegel in ihrer Küche hängt ein Schild, auf dem mit goldenen Buchstaben steht: *Wofür bist du heute dankbar?* Louise praktiziert die Dankbarkeit überaus achtsam und aufmerksam. Und voller Freude bedankt sie sich bei allem und jedem.

»Louise, ich habe dich beobachtet!«, sage ich.

»Hast du das?«

»Ja. Und ich sehe, dass du dich in einem ständigen Dialog mit dem Leben befindest.«

»Ist das so?«

»Ja. Du sprichst mit dem Bett. Du sprichst mit dem Spiegel. Du sprichst mit der Teetasse und der Müslischale. Du sprichst mit dem Computer. Du sprichst mit dem Auto. Du sprichst mit der Kleidung. Du sprichst mit allem.«

»Ja, das ist wahr«, sagt sie stolz.

»Und fast immer sagst du ›Danke‹.«

»Ich bin eben dankbar dafür, dass mein Auto zuverlässig funktioniert, dass mein Computer mir den Kontakt zu meinen Freunden ermöglicht und dass meine Kleidung so angenehm zu tragen ist.«

»Ich glaube, du lebst ein zauberhaftes Leben.«

»Ich fühle mich gesegnet.«

Das war nicht immer so. »Es gab eine Zeit, da war ich für gar nichts dankbar«, erinnert sie sich. »Es kam mir damals nicht in den Sinn, Dankbarkeit zu zeigen, weil ich glaubte, es gäbe nichts, wofür ich dankbar sein könnte.« Ihre erste Dankbarkeits-Übung fühlte sich so an, als probiere sie eine neue Affirmation aus. Es kam ihr nicht real vor und schien nicht zu funktionieren. Doch das änderte sich schon bald. »Dankbarkeit öffnete mir die Augen für eine ganz neue Weltsicht«, erklärt sie. »Indem ich Dankbarkeit zu meinem täglichen Gebet machte – *Danke, Leben! Danke, Leben!* –, lernte ich, dem Leben wieder zu vertrauen. Ich fühlte mich wieder liebenswert und erkannte, dass das Leben mich wirklich liebt.«

Louise über Dankbarkeit sprechen zu hören erinnert mich an etwas, das man Grundvertrauen nennt. Grundvertrauen ist in das Gewebe des unkonditionierten Selbst eingewoben. Es ist nicht nur ein Bewusstseinszustand, sondern eine Seinsweise. Grundvertrauen ermöglicht es dem Seelenvogel, seine Flügel auszubreiten und zu fliegen. Der Seelenvogel vertraut der Luft. Unsichtbare Kräfte tragen ihn. Er fühlt das Einssein, die Verbundenheit mit allem, was existiert. Er weiß: *Ich werde geliebt.* Er weiß: *Ich bin liebenswert.* Wenn wir das unkonditionierte Selbst vergessen, geraten wir in einen Zustand des Zweifelns und Misstrauens. Dieser Grundzweifel erwächst aus dem Gefühl des vermeintlichen Getrenntseins. Wir fragen uns: *Werde ich geliebt?* Wir fürchten: *Ich bin nicht liebenswert.*

In der frühen Kindheit ist Grundvertrauen von entscheidender Bedeutung. In seinem klassischen Text *Kindheit und Gesellschaft* definierte Erik Erikson acht Stufen der psychosozialen Entwicklung, von der jede auf der gesunden Verwirklichung der vorangegangenen Phasen aufbaut.[2] Die erste Stufe – Urvertrauen gegen Urmisstrauen – tritt zwischen der Geburt und einem Alter von zwei Jahren auf. Urvertrauen wird gefördert und verstärkt, wenn das Kind liebevolle und fürsorgliche Mutter- und Vaterfiguren erlebt. Misstrauen entsteht, wenn die Eltern lieblos sind und dem Kind zu wenig Zuwendung schenken. Wenn das Urmisstrauen nicht aufgelöst wird, kann es später zu einer *Identitätskrise* kommen, wie es Erikson als Erster nannte.

Der englische Psychologe und Kinderarzt D. W. Winnicott, einer der Pioniere der Objektbeziehungstheorie in der Kindesentwicklung, schrieb: »Zu Anfang ist es für einen Säugling absolut notwendig, in einem Kreis der Liebe und Stärke zu leben.« Winnicott erkannte, dass Grundvertrauen und eine Umgebung, die sicheren Halt gibt, entscheidend dafür sind, dass ein Kind das erlebt, was er »Seinsgefühl« nannte. Dieses Seinsgefühl ist eine Erfahrung des Lebendigseins, die sich primär in dem abspielt, was Winnicott das wahre Selbst nannte (also das unkonditionierte Selbst). Ohne diese Unterstützung durch die Bezugspersonen wird das wahre Selbst durch ein falsches Selbst ersetzt. Es dient als Maske, mit der das Kind sich vor einer Umwelt zu schützen versucht, die sich unsicher und lieblos anfühlt.

Der spirituelle Lehrer A. H. Almaas hat ausführlich über die Heilwirkung des Grundvertrauens bei Kindern und Erwachsenen geschrieben. Er beschreibt es als ein Gefühl, »von der Realität unterstützt und getragen« zu werden. Er sagt, Grundvertrauen schenkt uns die Gewissheit, dass »das Leben grundsätzlich wohlwollend« ist, und ermöglicht es uns, falsche Vorstellungen, Bilder und Ideen aufzugeben, die bewirken, dass wir uns minderwertig und nicht liebenswert fühlen. Er betrachtet Grundvertrauen als den Glauben an eine »optimierende Kraft«, die uns hilft, aktiv am Leben teilzunehmen, »mutig und authentisch« zu sein.

In seinem Buch *Facetten der Einheit* schreibt A. H. Almaas:[3]

Wenn wir wirklich dieses Vertrauen haben, diese tiefe innere Entspannung, wird es möglich, dass wir unser Leben aus der Liebe leben, aus einer Wertschätzung für das Leben, aus der Freude an dem, womit das Universum uns versorgt, und aus dem Mitgefühl und der Güte gegenüber anderen und uns selbst. Ohne dieses Vertrauen leben wir in ständiger Abwehr, im Konflikt mit anderen und uns selbst. Wir werden selbstbezogen und egoistisch. Wenn wir unser Grundvertrauen wiederfinden, kommen wir wieder in Kontakt zu unserem natürlichen Zustand, von dem wir uns entfernt haben.

»Grundvertrauen – das gefällt mir«, sagt Louise, als ich ihr von Almaas erzähle.

»Mir auch«, sage ich.

»Glaubst du, dass alle Menschen dieses Grundvertrauen besitzen?«, fragt sie.

»Ja.«

»Woher kommt es dann?«

»Aus dem Einssein, das unser wahres Zuhause ist«, antworte ich.

»Und was passiert mit dem Grundvertrauen?«

»Wir können es niemals wirklich verlieren«, sage ich. »Es ist immer bei uns, doch unsere Wahrnehmung verschleiert es.«

»So wie Wolken die Sonne verdecken.«

»Dankbarkeit zu praktizieren ist eine Möglichkeit, die Sonne wieder sichtbar zu machen«.

»Dankbarkeit half mir, wieder Ja zum Leben zu sagen.«

»Dankbarkeit hilft uns, wieder zu vertrauen«, füge ich hinzu.

»Von der Einen Unendlichen Intelligenz kommt alles, was wir brauchen«, fährt Louise fort. »Alle Führung, alle Heilung und alle Hilfe. Und dafür bin ich äußerst dankbar.«

»Amen.«

Alles kann ein Geschenk sein

Am 21. Januar begann ich, dieses Buch zu schreiben. Schon im Oktober hatte ich mir dieses Datum in den Kalender notiert. Das gab mir die notwendige Zeit, um alles so zu arrangieren, dass ich längere Zeit ohne Ablenkung an dem Buch arbeiten konnte. Doch ein paar Tage bevor ich beginnen wollte, geschah etwas Unerwartetes.

Ich wachte mit Schmerzen im Gesäß auf, die in die linke Hüfte und das Bein ausstrahlten, sodass ich mich nur mühsam bewegen konnte. Erst versuchte ich, einfach weiterzumachen, als wäre alles wie immer, doch das gelang mir nicht. Ich ging zu einem Physiotherapeuten und hatte zwei Sitzungen bei einem Chiropraktiker. Ich versuchte, den Schmerz zum Verschwinden zu bringen, doch er wurde immer schlimmer.

Als ich mich schließlich zum Schreiben hinsetzen wollte, waren die Beschwerden kaum zu ertragen. Die Muskeln im linken Hüft- und Gesäßbereich waren total verkrampft, der Ischiasnerv in meinem linken Bein brannte wie Feuer. Ich schwitzte und schleppte meinen Körper herum wie ein verwundetes Tier. Ich hatte große Angst, nicht schreiben zu können. Doch mein

Abgabetermin ließ keine Verzögerung zu. Zum Glück ließ der Schmerz nach, als ich zu schreiben begann. Auch half es, auf einem Haufen weicher Kissen zu sitzen. Ich buchte weitere Sitzungen bei meinem Physiotherapeuten und einem Craniosacral-Chiropraktiker. Ich musste den Schmerz unbedingt loswerden, doch die Beschwerden verschlimmerten sich noch mehr.

Warum ausgerechnet jetzt?, fragte ich mich. Mein körperlicher Gesundheitszustand war gut. Ich war nicht aus dem Bett gefallen. Ich hatte mich nicht in einer Yogastellung verrenkt. Es war absolut notwendig, jetzt das Buch zu schreiben, daher war der Zeitpunkt meiner Erkrankung extrem ungünstig. Ich versuchte, den Schmerz zu ignorieren, aber er schrie nach Aufmerksamkeit. Ich betete, dass er nachlassen möge, doch das bewirkte gar nichts. Schließlich dämmerte mir, dass die Ischiasschmerzen gar keine Unterbrechung meines Schreibvorhabens darstellten. Sie waren *ein Teil* davon. Ich musste eine heilende Einstellung entwickeln. Wer hätte da eine bessere Ratgeberin sein können als Louise Hay?

Zwei Tage später sprachen Louise und ich über Skype miteinander. Ich beschrieb ihr meine Ischiasbeschwerden. Sie stimmte mir zu, dass der Zeitpunkt ihres Auftretens bedeutsam war. »Jedes Buch, das ich schreibe, ist eine Heilungsreise«, sagte sie mir. Das gilt auch für mich. Alle meine Bücher nahmen mich auf Reisen mit, die niemals nach Plan verliefen. Jedenfalls nicht nach meinem bewussten Plan. Oft musste ich mich erst verirren, um meinen Weg zu finden. Aber auf jeder Reise entdeckte ich unerwartete Schätze und Freuden.

»Wie fühlt es sich denn an, Ischiasbeschwerden zu haben?«, fragte mich Louise.

»Ich will sie nicht haben, und ich mag sie nicht«, antwortete ich.

»Also willst du, dass die Schmerzen verschwinden.«

»Ja.«

»Hast du Angst?«

»Ja.«

»Wovor hast du Angst?«

»Ich habe Angst, dass ich zunehme, weil ich keinen Sport treiben kann«. »Diese Angst geht nicht sehr tief, aber sie kommt mir zuerst in den Sinn.«

»Bewerte die Angst nicht«, sagte Louise.

»Danke«, sagte ich, denn ich wusste ihr Coaching wirklich zu schätzen.

»Wovor fürchtest du dich noch?«, fragte sie.

»Ich befürchte, dass ich nie wieder gesund werde.«

»Du fürchtest dich vor dem Gefühl, gefangen zu sein.«

»Ja.«

»Okay. Zuerst musst du diese Angst auflösen«, sagte sie.

»Und wie mache ich das?«

»Mit Liebe«, antwortete Louise.

Ich hatte meine Situation total negativ beurteilt. Ich behandelte die Schmerzen wie ein Problem. Ich hatte das Gefühl, dass etwas mit mir nicht stimmte. Die Beschwerden kamen zum denkbar ungünstigsten Zeitpunkt. Ich sperrte mich gegen die

Erfahrung. Ich war nicht offen. Ich war beschäftigt. Und ich hatte Angst. Und schnappte noch einige zusätzliche Ängste von außen auf. Als ich einem Freund von meinen Ischiasbeschwerden erzählte, sagte er, sein Vater sei deswegen berufsunfähig geworden. Ein anderer Freund erzählte, seine Freundin leide schon seit ihrer Teenagerzeit an Ischiasschmerzen und nichts helfe dagegen.

Louise ermutigte mich, meine Einstellung gegenüber den Beschwerden zu ändern. »Mache kein Problem daraus«, sagte sie. »Affirmieren wir gemeinsam, dass aus dieser Situation nur Gutes entsteht.« Ich hörte auf Louises klugen Rat und bewertete meine Situation nicht länger. Ich fing an, die Beschwerden als Erfahrung, nicht als Problem zu behandeln. Ich leistete ihnen keinen Widerstand mehr, sondern kooperierte mit ihnen. Daraufhin ließ meine Angst sehr schnell nach. Und auch die Schmerzen besserten sich. Während der folgenden Wochen besserte sich die Situation von 100 Prozent Schmerz über 90 Prozent zu 75 Prozent.

Louise ermutigte mich außerdem, meine Worte mit Bedacht zu wählen, wenn ich über die Ischiasbeschwerden sprach. »Jede Zelle deines Körpers reagiert auf das, was du denkst und sagst«, betonte sie. Wenn wir krank oder unglücklich sind, können sich negative Affirmationen ausbreiten wie ein Virus. »Wie geht es dir?«, fragen unsere Freunde. »Nicht gut«, affirmierst du. »Ich habe Schmerzen.« Dann wissen schnell alle Freunde, was mit dir los ist, und erkundigen sich ständig nach deinem Befinden. »Ich bin immer noch krank«, affirmierst du. »Die Schmerzen sind heute schlimmer.« So verschickst du bald täglich Hunderte dieser mentalen Tweets, und dein Körper liest sie alle.

In ihrem Buch *Herzensweisheiten*[4] schreibt Louise: »Wie alles im Leben ist dein Körper ein Spiegel deiner inneren Gedanken und Überzeugungen.« Sie lehrt, dass wir uns für die Botschaften unseres Körpers öffnen müssen, um Heilung zu ermöglichen. »Schmerz ist oft ein Signal, dass wir eine Botschaft ignoriert haben«, sagte Louise zu mir. »Beginne deshalb mit der Affirmation: *Ich bin bereit, die Botschaft zu hören*. Achte dann darauf, was dein Körper dir mitteilen möchte. Entschuldige dich dafür, dass du ihn ignoriert hast, und versichere ihm, dass du ab sofort aufmerksam zuhören wirst. Sei dankbar dafür, dass dein Körper versucht, dir etwas mitzuteilen. Dein Körper will dir nicht das Leben schwer machen. Er versucht, dir zu helfen. Dein Körper ist nicht dein Gegner. Er zeigt dir, wie du dich selbst lieben und dich vom Leben lieben lassen kannst.«

Vor ein paar Wochen, als ich zu einem Besuch bei Louise nach San Diego flog, las ich *Wenn alles zusammenbricht* von Pema Chödrön, einer tibetisch-buddhistischen Lehrerin. Sie zitiert einen ihrer Schüler mit den Worten. »Die Buddha-Natur verkleidet sich geschickt als Angst und tritt uns in den Hintern, damit wir uns öffnen.«[5]

Das schien auf meine Kehrseite und mich ziemlich gut zu passen. Während des Besuchs bei Louise ermutigte sie mich dazu, auf die Botschaft meines Ischias zu hören. Wir sprachen ausführlich über die Auflösung alter Schmerzen, Heilung alter Wunden durch Vergebung, das Leben in der Gegenwart, die

Entwicklung innerer Offenheit und natürlich darüber, wie ich mich mehr vom Leben lieben lassen konnte.

Langsam, aber stetig habe ich mich mit meinem Ischias angefreundet. Eines Morgens, während einer Meditation, kam mir ganz plötzlich eine Frage in den Sinn: Wie würde ich mich verhalten, wenn ich keine Angst vor meinen Ischiasbeschwerden hätte? Als ich diese Frage kontemplierte, linderte das die Entzündung in meinem Nervensystem. Mein Körper fühlte sich besser. Die Schmerzempfindung fiel wieder auf 60 Prozent, dann auf 50 Prozent und schließlich auf 45 Prozent. Ich hatte nun weniger Angst und war offener für Führung und Inspiration.

»Ich möchte, dass du jeden Morgen als erste Handlung deinem Körper dafür dankst, was er alles tut, um sich selbst zu heilen«, sagte Louise.

»Tut mir leid, aber das kann ich nicht.«

»Warum nicht?«

»Weil ich morgens als erste Handlung meinem Bett für den guten Nachtschlaf danke«, versicherte ich ihr.

»Wer hat dir denn das beigebracht?«, fragte sie lachend.

»Jemand, den ich sehr liebe und wertschätze.«

»Nun, das muss eine wirklich kluge Frau sein«, sagte Louise mit einem Lächeln.

»Das stimmt.«

»Denke immer daran, dass dein Körper gesund sein möchte. Und wenn du dich bei ihm dafür bedankst, was er alles tut, hilft ihm das sehr, wieder gesund zu werden«, sagte sie.

Louise verordnete mir eine ihrer Lieblingsaffirmationen. *Liebevoll höre ich auf die Botschaften meines Körpers*. Ich nahm diese Affirmation in meine tägliche Meditationspraxis auf. Schon bald fühlte ich mich zu neuen Aktivitäten inspiriert. Ich meldete mich zu mehreren Sitzungen bei meinem guten Freund Raina Nahar an, einem Londoner Reikimeister und Heiler. Mein Physiotherapeut empfahl mir das Pilatestraining. Ich bestellte mir einen Reformer, ein etwas unheimlich aussehendes, aber sehr effektives Trainingsgerät für das klassische Pilatestraining. Es wurde nach wenigen Tagen geliefert. Außerdem konsultierte ich auf Empfehlung von Freunden den Osteopathen Finn Thomas und den neuen Physiotherapeuten Alan Watson: Beide halfen mir sehr bei der Heilung der Ischiasbeschwerden.

Trotz der Schmerzen und zahlreicher Behandlungstermine gelang es mir, dieses Buch zu schreiben und sämtliche Termine einzuhalten. Während ich diese Worte schreibe, machen die Beschwerden an meinem Ischiasnerv mir nur noch wenig zu schaffen. Es gibt aber immer noch ein paar Botschaften, auf die ich achten muss. *Das Leben liebt dich!* zu schreiben, hat mir sehr dabei geholfen, mich selbst auf neue Weise zu lieben. Es hat mir auch geholfen, offener dafür zu werden, mich vom Leben lieben zu lassen. Es ist eine Reise, für die ich dankbar bin.

»Als bei mir Krebs diagnostiziert wurde, hatte ich keine heilende Einstellung«, erzählt Louise.

»Wie war denn deine Einstellung?«

»Ich hatte große Angst.«

»Wovor hattest du Angst?«

»Vor 40 Jahren war Krebs ein Todesurteil«, sagt sie rückblickend.

»Also hattest du Angst vor dem Tod?«

»Ja. Und ich war sehr abergläubisch.«

»Was meinst du damit?«

»Ich glaubte, der Krebs sei ein Zeichen, dass ich ein schlechter Mensch war und im Leben alles falsch gemacht hatte«, sagt sie.

»Wie gelang es dir, diese Einstellung zu ändern?«

»Ich bekam wertvolle Hilfe.«

»Wir alle brauchen bei unserer Heilung Hilfe«, sage ich.

»Aber die Bereitschaft, gesund zu werden, war das wirkliche Wunder«, sagt sie.

»Inwiefern?«

»Als ich bereit war, alles Erforderliche für meine Heilung zu tun, wurde ich zu den richtigen Leuten geführt.«

»Kannst du mir ein Beispiel nennen?«

»In *Gesundheit für Körper und Seele* berichte ich, wie ich, als ich von der Fußreflexzonen-Massage erfahren hatte, einen darin ausgebildeten Therapeuten suchte. An jenem Abend besuchte ich einen Vortrag. Normalerweise setze ich mich in die erste Reihe, aber diesmal verspürte ich den deutlichen Impuls, mich nach hinten zu setzen. Ich hatte gerade Platz genommen, da setzte sich ein Mann neben mich. Wie sich herausstellte, war er Reflexologe und machte Hausbesuche. Also engagierte ich ihn.«

»Das ist wundervoll«, sage ich.

»Wie durch Zufall«, fährt sie fort, »fielen mir wunderbare Bücher in den Schoß. Ich hörte von aufschlussreichen Vorträgen in meiner Nähe und traf alle möglichen interessanten Menschen.«

»Du wurdest auf deinem Weg geführt.«

»Ja. Es war ein Weg des Vertrauens, und alles fügte sich für mich.«

»Und was, glaubst du, war es, das dich auf diesem Weg führte?«

»Meine innere Stimme«, sagt Louise und zeigt auf ihre Brust.

»Dann sollten wir Gott für deine innere Stimme danken«, sage ich lächelnd.

»Schnell lernte ich, meiner inneren Stimme und Intuition zu vertrauen, denn es ergaben sich viele kleine Wunder und Zufälle«, erzählt Louise.

»Es scheint, dass der große Plan sich gut um dich gekümmert hat.«

»Ja. Und nach sechs Monaten bestätigten mir die Ärzte, dass der Krebs sich zurückbildete. Ich wusste ohne jeden Zweifel, dass der Krebs aus meinem Geist und meinem Körper verschwunden war.«

Im Jahr 1999 schrieb ich ein Buch mit dem Titel *Shift Happens!*.[6] Darin beschäftigte ich mich mit persönlichem Wachstum und Evolution. Ich untersuchte, welche Kräfte wir durch Vertrauen freisetzen können und wie es uns hilft, alle Höhen und Tiefen des Lebens zu meistern. Louises Geschichte ist ein ausgezeichnetes Beispiel dafür, wie Vertrauen unser Bewusstsein aus der Angst in die Liebe führt, sodass eine wunderbare Heilungsreise beginnen kann. Ein paar Jahre nach dem Erscheinen von *Shift Happens!* erhielt ich eine E-Mail von Jenna, einer Leserin. Darin beschrieb sie ihre Heilungsreise:

> *Lieber Herr Holden,*
> *ich bin 42 Jahre alt und lebe in New York. Vor ein paar Monaten (für mich fühlt es sich an, als wären seitdem Jahre vergangen) wurde bei mir Brustkrebs festgestellt. Meine Welt stand still. Plötzlich befand ich mich in der Hölle. Es war eine lange Reise. Viele Menschen haben mir geholfen. Ich habe Wunder erlebt. Viele Wunder. Eines davon war, dass ich Ihr Buch in der U-Bahn fand. Es lag auf einem leeren Sitz.*
> *Als ich es aufhob, sagte eine Stimme in meinem Kopf: »Das ist ein Geschenk für dich.« Ich schaute mir den Buchtitel an und lächelte. Der Titel schien perfekt. Er fasste zusammen, wie sich mein Leben damals anfühlte. »Genau das brauche ich jetzt«, sagte ich mir. Ich habe Ihr Buch in den folgenden Wochen immer wieder gelesen. Ich trug es in der Handtasche bei mir. Es lag auf meinem Nachttisch. Ich nahm es zu den Arztterminen mit. Ihr Buch war mein ständiger Begleiter. Es ist mir zum Freund geworden.*

Gestern haben meine Ärzte mir bestätigt, dass ich wieder vollkommen gesund bin. Es geht mir wieder gut, aber auf andere Weise als zuvor. Es geht nicht nur meinem Körper gut, sondern auch meiner Seele. Diese Erfahrung hat mir geholfen, alles in einem anderen Licht zu sehen. Ich sehe jetzt wirklich alles anders – sogar den Titel Ihres Buches. Als ich Ihr Buch fand, hatte ich gelesen Shit happens! *(Shit = Scheiße) und dachte, dass das prima auf meine Situation zutrifft. Scheiße passiert, dachte ich, ja, das kommt im Leben wirklich vor, wie bei mir und meiner Krebserkrankung. Und mit diesem Titel im Kopf las ich das Buch und empfahl Shit happens! allen meinen Freundinnen. Erst gestern, als ich mit der U-Bahn vom Arzttermin nach Hause fuhr und das Buch hervorholte, fiel mir auf, dass da gar nicht Shit auf dem Titel steht, sondern Shift (Shift = Veränderung). Zum ersten Mal las ich den wirklichen Titel Ihres Buches: Veränderung geschieht!*
Mir gefällt dieser neue Titel! Er ist perfekt. Er fasst zusammen, wie sich mein Leben anfühlt.

Danke
Jenna

»Wenn du Angst hast, ist das ein untrügliches Zeichen, dass du auf dein Ego vertraust«, schrieb ich in (wohlgemerkt mit *f*) *Shift Happens!*. Das Ego, das dein Gefühl ist, ein abgetrenntes, vereinzeltes Selbst zu sein, versteht nicht wirklich, was Vertrauen ist, weil du Vertrauen nur empfinden kannst, wenn du dich im

Einklang mit deiner Seele befindest. In *Shift Happens!* heißt es dazu weiter:

> *Für das Ego fühlt sich Vertrauen an, als müsste es auf einer Planke über einen Abgrund balancieren. Das liegt daran, dass dich Vertrauen aus den eingeengten Wahrnehmungen des Egos in ein Feld größerer Möglichkeiten hinausführt. Vertrauen baut auf das Höchste in dir. Es ermöglicht dir den Zugang zum grenzenlosen Potenzial deines unkonditionierten Selbst. Mit Vertrauen sind alle Dinge möglich.*

Vertrauen ist nicht einfach nur positives Denken, sondern eine Art zu leben. In seiner höchsten Ausdrucksform handelt es sich dabei um eine Qualität der Bewusstheit, die aus deinem unkonditionierten Selbst kommt. Vertrauen zeigt dir, dass nicht *du* zerbrichst, wenn dein Leben zu zerbrechen scheint. Deine Essenz, dein wahrer Wesenskern, ist immer unverletzlich. Nur dein Selbstwertgefühl kann zerbrechen – dein Ego mit seinen Plänen, Hoffnungen und Erwartungen, wie die Dinge sein sollen.

»Leben fallen auseinander, wenn es Zeit ist, sie neu aufzubauen«, schreibt Iyanla Vanzant in *Peace from Broken Pieces*.[7]

Während ich mich darauf vorbereitete, dieses Kapitel zu schreiben, erfuhr ich, dass meine liebe Freundin Sue Boyd ins Bristol Hospital eingeliefert worden war. Sie lag im Koma. Enzephalitis lautete die Diagnose, und man gab ihr kaum eine Überlebenschance. Die Ärzte sagten uns, dass bei Sue, sollte sie durch ein Wunder überhaupt das Bewusstsein wiedererlangen, schwere Gehirnschäden zurückbleiben würden. Sofort richteten Sues Freunde einen Gebetskreis ein. Nach ein paar Tagen hörten wir, dass Sue aufgewacht war. Sobald ich konnte, fuhr ich nach Bristol zum Krankenhaus. Es kostete mich große Überwindung, sie zu besuchen, denn ich fürchtete, sie in einem schrecklichen Zustand vorzufinden. Doch meine Angst erwies sich als unbegründet.

Sue saß aufrecht im Bett. Zwei Krankenschwestern waren bei ihr, und sie hatte sie offenbar gerade durch eine lustige Bemerkung zum Lachen gebracht. »Verdammt und zugenäht! Ist das schön, dich zu sehen, alter Junge«, sagte sie und lächelte mich an. Wir kennen uns seit 20 Jahren. Sue ist Liebe auf zwei Beinen. Jeder, der sie kennt, würde dieser Beschreibung zustimmen. Sie ist eine Seelenfreundin. Wir haben einen großen Teil unserer spirituellen Reise miteinander geteilt. Als ich Sue an jenem Tag im Krankenhaus besuchte, sah ich, wie sie mithilfe der beiden Schwestern ihre ersten mühsamen Schritte versuchte. »Diese Beine fühlen sich überhaupt nicht so an, als würden sie zu mir gehören«, sagte sie zu den Schwestern.

Sue erzählte mir, was geschehen war. »Was für eine große Überraschung!«, sagte sie. »Ich hätte nie gedacht, dass mir so etwas passieren könnte.« Später sagte sie zu mir: »Ich vertraue darauf, dass es einen höheren Plan gibt, der für uns alle eine Menge zu bieten hat. Ich habe unterschrieben und bin dabei!« Als ich ihr sagte, wie tapfer sie sei, erwiderte sie: »Es ist eigentlich keine Tapferkeit. Es ist Vertrauen. Alles, was ich tun kann, ist zu vertrauen.« Während des Gesprächs zitierte ich etwas, das der spirituelle Lehrer Ram Dass einmal über Vertrauen gesagt hatte:

Vertrauen ist das Wissen,
dass das, was du zu sein glaubst,
dein Leben nicht meistern kann,
dass aber das, was du wirklich
bist, es kann.

Ich erzählte Sue, dass ich ein Kapitel über Dankbarkeit schreiben würde, in dem es auch um Vertrauen gehen würde. Ehe ich ging, schenkte ich ihr eine Weisheitskarte von Louise Hay. Die Botschaft auf der Karte lautet: *Ich vertraue auf die Intelligenz in mir*. Sue lächelte, als sie es las. »Die Liebe ist das, worauf es wirklich ankommt«, sagte sie mit 24 EEG-Elektroden am Kopf. »Das wusstest du auch vorher schon, Sue«, sagte ich. Der EEG-Monitor registrierte Sues fröhliches Lachen. »Ja, das stimmt«, sagte sie, »aber jetzt weiß ich es wirklich.« Ich merkte an Sues Augen, dass sie etwas ganz Großes erlebt hatte. »Ich weiß jetzt, wie es ist, ohne einen Körper ich selbst zu sein«, erzählte sie. »Und ich sage dir: Alles ist Liebe.«

Das heilige Jetzt

In unserem Haushalt sind Bo und Christopher immer als Erste wach. Sie warten nicht bis Sonnenaufgang, sie brauchen keinen Wecker und sind gleich putzmunter. Hollie und ich werden dann von zwei kleinen Körpern aus dem friedlichen Schlummer gerüttelt, die auf unserem Bett herumturnen.

»Aufwachen, Papa!«, ruft Bo.

»Komm schon, Papa!«, ruft Christopher.

»Papa, Papa!«, ruft Bo und zupft an meinem Schlafanzug.

»Los, wir gehn nach unten!«, ruft Christopher.

»Guten Morgen«, sage ich atemlos.

»Es ist Tag!«, sagt Bo. Sie sieht, dass ich allmählich mein Bewusstsein wiedererlange, und spricht etwas leiser.

»Lass uns Eisenbahn spielen!«, ruft Christopher.

»Wie spät ist es?«, frage ich, denn ich habe den Eindruck, es wäre erst drei Uhr morgens.

»Zeit zum Aufwachen«, sagt Bo.

»Ja! Komm schon, Papa«, sagt Christopher, der noch gar nicht die Uhr lesen kann.

»Habt ihr euch denn schon bei eurem Bett für den guten Nachtschlaf bedankt?«, frage ich, um mir ein paar kostbare zusätzliche Sekunden zu verschaffen.

»Ja«, sagt Bo.

»Ja«, sagt Christopher.

»Also los!«, sagt Bo.

»Jetzt!«, ruft Christopher.

Das *Jetzt* ist Kindern heilig. Keine andere Zeit ist für sie wie diese. Das Jetzt ist ihr natürlicher Aufenthaltsort. Sie verbringen nur wenig Zeit in der Vergangenheit oder Zukunft. Das Jetzt ist immer ein brandneues Abenteuer. Erwachsene interpretieren die ständige Konzentration der Kinder auf das Jetzt oft als ein Zeichen von Ungeduld oder schlechtem Benehmen, aber in Wirklichkeit ist es ein Zeichen von Lebendigkeit. Das Jetzt ist die einzige wirklich existierende Zeit. Und nur jetzt kann der Spaß beginnen!

Christopher und Bo suchen sich für gewöhnlich mich als erstes morgendliches Ziel aus und lassen Hollie schlafen. Meine Theorie ist, dass Hollie auch aufwacht, es aber geschickt versteht, still liegen zu bleiben. Wenn sie das hier liest, wird sie mir vermutlich sagen, was sie von dieser Theorie hält. Aber ich kann es beweisen: Wenn Christopher und Bo versuchen, mich aufzuwecken, sagen sie manchmal wirklich lustige Dinge, und dann kann ich Hollie leise lachen hören. Die leichte Veränderung ihrer Atmung verrät sie. So war es auch, als ich Bo und Christopher um zusätzliche fünf Minuten Ruhe bat.

»Guten Morgen, Papa!«, rief Bo und zerzauste mir die Haare.

»Aufwachen, Papa!«, rief Christopher und stützte sich auf meine Brust.

»Es ist Tag!«, rief Bo.

»Los, Papa!«, rief Christopher.

»Wie spät ist es?«, fragte ich.

»Die Uhr zeigt 5 und 5 und 5«, sagte Bo, womit sie 5 Uhr 55 meinte.

»Oh ja«, sagte Christopher.

»Okay, gebt mir noch fünf Minuten«, sagte ich zu den beiden.

»Bo, was sind fünf Minuten?«, fragte Christopher.

»Das weiß ich nicht, aber für Papa ist es wichtig«, sagte Bo zu ihm.

Kinder glauben fest an das Jetzt. Es bedeutet ihnen mehr als die Vergangenheit oder die Zukunft. Das Jetzt bietet ihnen die besten Möglichkeiten, glücklich zu sein. Im Jetzt finden sie Liebe. Jetzt ist die Zeit, Spaß zu haben. Wenn sie im Jetzt sind, sehen sie die Gesamtheit aller Möglichkeiten, von der Louise oft spricht. Das Jetzt ist ihr Spiegel. In der frühen Kindheit leben wir noch im Einklang mit der Grundwahrheit *Ich bin liebenswert*. Daraus entsteht das Grundvertrauen *Ich werde geliebt*. Das Jetzt ist eine gute Zeit. Das Jetzt ist die Zeit der Unschuld.

Wenn wir den Glauben an uns selbst verlieren, vertrauen wir nicht länger darauf, dass im gegenwärtigen Augenblick immer gut für uns gesorgt wird. Unsere Wahrnehmung wird verzerrt durch die Grundangst *Ich bin nicht liebenswert* und den Grundzweifel *Werde ich geliebt?*. Wir projizieren unsere Vergesslichkeit auf den gegenwärtigen Augenblick und finden ihn deshalb nicht gut genug. Wir haben den Eindruck, dass etwas fehlt. Das Jetzt fühlt sich für uns nicht mehr real an, weswegen wir entweder in die Vergangenheit blicken oder unser Heil in der Zukunft suchen. Doch ohne das Jetzt finden wir unseren Weg nicht. Wir verirren uns.

»Wie der verlorene Sohn kehren wir alle schließlich ins JETZT zurück. Nur dort finden wir unser spirituelles Zuhause«, schrieb ich in *Shift Happens!*. Diese Reise zurück ins Jetzt ist eine Heilungsreise. Wir brauchen dazu viel Mut, denn wenn wir ins Jetzt zurückkehren, müssen wir uns zunächst unserer Selbstverurteilung, unserer Selbstkritik und Selbstablehnung stellen und dem vermeintlichen Verlust unserer Unschuld. »Der gegenwärtige Augenblick ist ein ziemlich verletzlicher Ort«, schreibt Pema Chödrön in *Wenn alles zusammenbricht*. Doch nur wenn wir zum Spiegel des Jetzt zurückkehren, können wir uns erinnern, was real ist, und das Unwahre hinter uns lassen.

Ein großes Geschenk in meinem Leben ist die gelegentliche Korrespondenz mit dem Dichter Daniel Ladinsky. Daniel und ich stehen miteinander in E-Mail-Kontakt, seit ich vor 15 Jahren auf seine englischen Übertragungen von Gedichten des Sufi-Poeten Hafiz stieß. In mehreren meiner Bücher habe ich Daniels Übertragungen von Hafiz-Texten verwendet, vor allem in *Loveability*. In *The Subject Tonight Is Love: 60 Wild and Sweet Poems of Hafiz* gibt es ein Gedicht, von dem ich wusste, dass ich es in diesem Buch zitieren werde. Es heißt *»This Place Where You Are Right Now« (»Dieser Ort, wo du jetzt im Moment bist«)* und handelt vom Grundvertrauen – eine Hommage an das Jetzt. Hier ist der Anfang dieses Gedichts:[8]

Diesen Ort, wo du jetzt im Moment bist,
hat Gott auf einer Karte für dich markiert.

Wohin deine Augen, deine Arme und dein Herz
auch gehen mögen
auf der Erde und unter dem Himmel:
Der Geliebte hat sich dort verneigt.

Unser Geliebter hat sich dort verneigt,
weil er wusste, dass du dorthin kommen wirst.

Grundvertrauen schenkt uns die Gewissheit, hier und jetzt liebenswert zu sein und vom Leben geliebt zu werden. Das Jetzt hält für uns Erlösung und Erleuchtung bereit, ungeachtet all unserer Fehler oder unserer schrecklichen Vorgeschichte. Das Jetzt ist ein anderer Name für die Liebe. Das Jetzt ist ein anderer Name für Gott. Louise Hay glaubt unerschütterlich an das Jetzt. Man könnte sagen, dass sie den Glauben eines Kindes hat. »Ich habe mein Leben geheilt, indem ich meine Einstellung zum Jetzt veränderte«, sagte sie einmal zu mir. Das Geschenk des Jetzt besteht darin, dass wir jederzeit die Möglichkeit zum Neuanfang haben. Die Gegenwart lädt uns in jedem Augenblick dazu ein, uns von der Vergangenheit zu befreien. Das Jetzt ist das Ticket für eine bessere Zukunft. Wir müssen nur bereit sein, das Geschenk zu sehen und anzunehmen.

Das Grundvertrauen will dich dazu ermutigen, dir bewusst zu werden, dass du für deine Lebensreise optimal ausgerüstet bist. Deine momentane Situation – beruflich, familiär, finanziell, gesundheitlich, seelisch – mag noch weit von dem, was du dir für die Zukunft wünschst, entfernt sein, doch sie ist der perfekte Ausgangspunkt für deine Heilungsreise. »Wie deine Gegenwart auch aussehen mag, akzeptiere sie, als hättest du sie selbst gewählt«, empfiehlt Eckhart Tolle in seinem Buch *Jetzt! Die Kraft der Gegenwart*. »Arbeite mit deiner momentanen Situation, nicht gegen sie. Mache dir die Gegenwart zum Freund und Verbündeten, nicht zum Feind. Das wird dein ganzes Leben auf wunderbare Weise transformieren.«[9]

In meinem Buch *Sei doch einfach glücklich!*[10] weise ich darauf hin, dass die beste Chance für Heilung und Glücklichsein immer in der Gegenwart liegt. Wirklich glücklich werden wir, wenn wir bereit sind, die Suche nach dem Glück aufzugeben und es im gegenwärtigen Augenblick zu finden.

Ohne Grundvertrauen benutzt du jeden Gegenwarts-Augenblick als Trittstein, um woanders hinzugelangen. Du strebst nach Glück, jagst dem Erfolg hinterher und suchst nach Liebe, findest all das aber niemals dort, wo du gerade bist. »Auf meiner Heilungsreise entschied ich mich bewusst dafür, stärker in der Gegenwart zu leben«, erzählte mir Louise einmal. »Zuerst war das, als würde ich in ein leeres Haus einziehen – kalt und unpersönlich. Aber je mehr ich in der Gegenwart lebte, desto mehr fühlte ich mich dort zu Hause. Durch bewusstes Leben in der Gegenwart lernte ich, dem Leben zu vertrauen und zu erkennen, dass ich hier und jetzt mit allem versorgt werde, was ich wirklich brauche.«

In jedem Augenblick des Lebens gibt es etwas zu lernen, gibt es Geschenke und Botschaften – alles nur für dich! Welchen Zweck hat diese Hilfe? Wozu dient diese kosmische Liebe?

Nun, ich denke, Louise bringt es in einer ihrer Affirmationen auf den Punkt:

Jeder Augenblick ist eine wunderbare neue Gelegenheit für mich, immer mehr von meinem wahren Sein zu entdecken und zu entfalten.

ÜBUNG 5

Tägliche Dankbarkeit

»Weißt du, was ich abends vor dem Einschlafen als Letztes tue?«, fragt mich Louise augenzwinkernd.

»Was denn?«

»Ich gehe mit Tausenden von Menschen auf der ganzen Welt ins Bett«, sagt sie lachend.

»Wie geht denn das?«

»Die Menschen nehmen mich mit ins Bett!«, sagt sie zwinkernd.

»Das ist ja wundervoll!«

»Sie laden mich herunter, dann können wir im Bett vor dem Einschlafen zusammen meditieren«, erklärt sie mir.

»Louise Hay, du hast es faustdick hinter den Ohren!«

»Und weißt du, was ich vor dem Einschlafen noch tue?«

»Keine Ahnung.«

»Ich lasse den Tag Revue passieren, segne jede Erfahrung und danke dem Leben dafür.«

»Tust du das im Bett?«

»Ja, meistens. Gestern Abend klappte ich meinen Taschenspiegel auf – das ist der mit der Aufschrift *Das Leben liebt dich*, den du mir geschenkt hast – und ich bedankte mich laut vor dem Spiegel.«

»Dankesworte an das Leben oder Universum laut auszusprechen ist sehr wirkungsvoll«, sage ich.

»Ja, das bewirkt viel mehr, als nur über sie nachzudenken«, pflichtet Louise mir bei.

»Ich liebe es, zusammen mit meiner Tochter Dankbarkeitsaffirmationen zu sprechen, abends ehe sie einschläft.«

»Es ist sehr wichtig, dass wir Kinder dazu ermutigen, sich in Dankbarkeit zu üben«, sagt Louise.

»Und es macht viel Spaß.«

»Wenn du den Tag mit Dankbarkeit beginnst und beendest, wird dein Leben von Segnungen erfüllt sein, für die du zuvor blind warst.«

»Man weiß erst, wie machtvoll Dankbarkeit ist, wenn man sie bewusst praktiziert.«

»Dankbarkeit zu praktizieren wirkt sich so wunderbar aus, dass es alle unsere Erwartungen übertrifft.«

»Man muss es tun, um das Wunder zu erleben.«

»Dankbarkeit ist ein Wunder«, sagt Louise.

Dankbarkeit ist eine spirituelle Praxis. Jedes Mal, wenn du in deinem Leben Danke sagst, selbst wenn es nur für eine grüne Ampel oder einen freien Parkplatz ist, kommst du der Liebe einen Schritt näher. Dankbarkeit führt dich grundsätzlich zur Liebe. Dankbarkeit bringt dich mit dem Herzen in Fühlung.

Dankbarkeit zu zeigen hilft dir, dich an die Grundwahrheit zu erinnern, dass du liebenswert bist. Je öfter du Dankbarkeit ausdrückst, desto mehr wirst du zu dem Menschen, der du in Wirklichkeit bist.

Dankbarkeit schult dein Sehvermögen. Stell dir vor, dass du in den Spiegel schaust und laut zehn Dinge aufzählst, für die du momentan dankbar bist. Wenn du eine Dankbarkeitsübung noch nicht gemacht hast, wird sie dir anfangs möglicherweise schwerfallen. Vielleicht sagst du dir sogar, dass du keine zehn Dinge finden wirst, für die du dankbar bist. Doch wenn du dein Leben aufmerksam betrachtest und Fühlung mit deinem Herzen aufnimmst, wirst du diese zehn Gründe, dankbar zu sein, mit Leichtigkeit finden. Höchstwahrscheinlich wirst du sogar mehr als zehn finden. Dankbarkeit verhilft uns zu einer neuen Bewusstheit. Sie wird deine Psyche verwandeln und dir die Augen öffnen. Du wirst die Welt anders sehen.

Dankbarkeit ist ein heiliges Ja. Wenn es dir leichtfällt, dankbar zu sein, ist das ein Zeichen, dass du auf dem richtigen Weg bist. Fällt sie dir dagegen schwer, solltest du innehalten, denn du hast dich von dir selbst entfernt und vergessen, was wirklich heilig ist. Dankbarkeit zu zeigen hilft dir, Ja zum Leben zu sagen und das Gute darin wertzuschätzen. Wenn du wie Louise deinen Tag mit Dankbarkeit beginnst, wirst du nicht in die Irre gehen. Dankbarkeit ist ein Gebet, durch das du dich auf das fokussierst, was wirklich zählt. Du sagst Ja zur Realität. E. E. Cummings schrieb ein wunderbares Gedicht, das so beginnt:[11]

Ich danke dir, Gott,
für diesen schönen Tag,
mit traumblauem Himmel,
grün sprießenden Bäumen und
allem, zu dem ich ewig
Ja sagen mag, in der Natur
mit ihren unendlichen Räumen.

Dankbarkeit erweitert dein Bewusstsein. Als ich Louise von meinen Ischiasbeschwerden erzählte, sprach sie über die heilende Kraft der Dankbarkeit. »Eines Tages wirst du für diese Beschwerden dankbar sein«, sagte sie. »Ich sage nicht, dass du jetzt dafür dankbar sein sollst. Das wäre vermutlich zu früh. Aber an einem gewissen Punkt wirst du zu der Erkenntnis gelangen, dass der Schmerz eine Botschaft oder sogar ein Geschenk für dich bereithält.« Als Louise das zu mir gesagt hatte, führte ich eine Selbstbefragung durch, bei der ich zehnmal den folgenden Satz ergänzte: *Ich bin dankbar für meine Ischiasbeschwerden, weil …* Diese Übung empfand ich als überaus erhellend und hilfreich. Die

Schmerzen in meinem Ischiasnerv gingen auf 30 Prozent und dann auf 20 Prozent zurück.

Dankbarkeit stärkt dein Grundvertrauen. Dankbarkeit hilft dir, die Dinge in einem anderen Licht zu sehen, statt auf negativen Werturteilen zu beharren. »Das Leben ist nicht etwas, das dir zustößt, sondern es geschieht *für* dich«, schrieb ich in *Be Happy*.[12] Manchmal erweisen sich Absagen, Verkehrsstaus oder schlechtes Wetter als Geschenke. Eine Kündigung, eine Krankheit oder das Ende einer Beziehung können sehr wohl der Beginn einer wunderbaren neuen Erfahrung sein. »Wir wissen nicht, wozu die Dinge letztlich gut sind«, sagt Louise. »Selbst eine Tragödie kann langfristig unserem höchsten Wohl dienen. Deshalb wende ich gerne folgende Affirmation an: *Jede Erfahrung in meinem Leben dient meinem höchsten Wohl.*«

Dankbarkeit bringt dich wieder ins Jetzt. Dankbarkeit zu praktizieren hilft dir, mehr Präsenz zu entwickeln. Je mehr du dich auf die Gegenwart fokussierst, desto weniger wirst du das Gefühl haben, dass etwas fehlt. Kürzlich postete jemand diese Nachricht auf meiner Facebook-Seite: »Vielleicht denkst du, dass der Rasen deines Nachbarn grüner ist, aber wenn du deinen gut bewässerst und pflegst, wird er genauso grün.« Dankbarkeit hilft dir, gut für den eigenen Rasen zu sorgen. Dankbarkeit hilft dir, aus jeder Situation das Beste zu machen. Durch Dankbarkeit lernst du, dass sich Glück immer nur im Jetzt finden lässt.

Unsere spirituelle Übung in diesem Kapitel heißt *Tägliche Dankbarkeit*. Wir laden dich ein, dich vor einen Spiegel zu stellen und den folgenden Satz zehnmal zu vervollständigen: *Jetzt in diesem Moment bin ich dankbar dafür, dass …*

Dabei solltest du den Satz unbedingt laut aussprechen. Wenn du deinen Dank laut aussprichst und hörst, verdoppelt das die Wirkung. Praktiziere diese Dankbarkeitsübung sieben Tage lang einmal am Morgen und auch einmal am Abend. Denke daran, dass diese Übung nur etwas bewirkt, wenn man sie auch wirklich macht. Sich diese Seiten nur durchzulesen, bringt wenig. Wenn du jetzt Dankbarkeit ausdrückst, wird sich deine Einstellung zum Leben enorm verändern. Dankbarkeit macht dir bewusst, dass du liebenswert bist und dass das Leben dich liebt.

* * *

6. KAPITEL

Öffne dich für Geschenke

Da sind eine Menge Geschenke
von deinem Geburtstag,
die du noch gar nicht ausgepackt hast.
HAFIZ[1]

Während wir *Das Leben liebt dich!* schrieben, erlebte Louise Hay im Alter von 87 Jahren die erste Ausstellung ihrer Kunstwerke. Die Galerie ArtBeat on Main Street in Vista, Kalifornien, zeigte 20 von Louises Öl- und Aquarellbildern. Die Vernissage fand in Anwesenheit Louise Hays am 25. Januar statt und stieß auf reges öffentliches Interesse. Am Tag davor rief ich sie an, um ihr zu gratulieren. »Ich fühle mich sehr gesegnet«, sagte sie zu mir.

Der segnende Buddha, Louises Porträt des Buddhas, bildete den Mittelpunkt der Ausstellung. Es handelt sich um ein großartiges Ölgemälde, das fast einen Meter hoch und etwa 75 Zentimeter breit ist. Ein goldener Buddha, gekleidet in ein safrangelbes und königsblaues Gewand, sitzt in Lotushaltung auf einem Lotusthron in Fuchsienrot und Rosa. Ein Kranz aus weißem Licht umgibt den Kopf des Buddhas. Er hält einen Krug in seiner rechten Hand, wie man ihn von Darstellungen des Medizin-Buddhas kennt. Der Hintergrund ist mit kräftigen Pinselstrichen aus Smaragdgrün und Gelbtönen gefüllt.

Der segnende Buddha hängt nun in der Lobby der Hay-House-Zentrale in Carlsbad. »Er begrüßt und segnet alle, die das Gebäude betreten«, sagt Louise. Ich liebe dieses Gemälde. Eine Kopie in Originalgröße hängt neben der Tür meines Arbeitszimmers. Bevor ich mich morgens an den Schreibtisch setze, empfange ich so den Segen des Buddhas. Louise hat in keinem ihrer Bücher über den Buddha geschrieben und sich auch sonst nie über ihn geäußert. Daher war ich gespannt, was sie über ihn denkt, und es interessierte mich, ob es Bezüge zwischen dem segnenden Buddha und ihrer Philosophie, dass das Leben uns liebt, gibt.

»Der Buddha ist ein lebender Heiliger«, sagt Louise dazu. »Ich glaube, dass er eine unmittelbare Erfahrung des unkonditionierten Selbst hatte, wie du es nennst. Bei seinem Erwachen erlebte er das ›Eine Unendliche Bewusstsein‹ und empfing den Segen der Schöpfung.« Ich bitte Louise, mir mehr darüber zu erzählen. Sie antwortet: »Wir werden durch ein universelles Bewusstsein erschaffen, das alle seine Schöpfungen unterstützt und erhält. Wir sind die geliebten Kinder des Universums, und wir wurden und werden mit allem beschenkt. Wir werden als Gesegnete geboren. Die Botschaft des Buddhas für jede und jeden von uns lautet: *Ich bin gesegnet.*«

»Wie lange dauerte es, das Bild des segnenden Buddhas zu malen?«, frage ich Louise.

»85 Jahre!«, antwortet sie mit einem herzlichen Lachen.

»Gute Antwort.«

»Insgesamt hat es fünf Jahre gedauert«, sagt sie dann.

»Das war eine lange Reise.«

»Es war eine Reise, die ich allein nicht geschafft hätte«, sagt sie.

»Was meinst du damit?«

»Ich hatte zwei wunderbare Lehrer, die mir halfen, etwas zu schaffen, was ich mir selbst nie zugetraut hätte.«

Louises erster Lehrer war ein englischer Maler, der hin und wieder nach San Diego kam. »Ich nahm bei ihm Unterricht, wenn er in der Stadt war, und er stellte mir die Aufgabe, den Buddha zu malen«, erzählt sie. Nie zuvor hatte Louise etwas Derartiges gemalt. »Den Buddha zu malen erforderte große Präzision. Es war wie Mathematikunterricht. Ich musste eine Menge Linien wegradieren«, sagt sie lächelnd. »Es war die Idee meines Lehrers, dass ich den Buddha zeichnen sollte. Ohne seine sanfte Ermutigung hätte ich mich nicht an diese Aufgabe herangewagt.«

Nach vielen Unterrichtsstunden war die Zeichnung des Buddhas fertig, und Louise machte sich daran, die Figur zu malen. »Ich begann mit dem Malen, war aber mit den Ergebnissen unzufrieden«, sagt sie. Also ließ sie das Projekt ruhen, und die Zeichnung stand ein paar Jahre auf einer Staffelei in Louises Atelier. »Ich weiß noch, dass ich eines Tages dachte: *Wenn der Schüler bereit ist, erscheint der Lehrer*«, erinnert sich Louise. »Kurze

Zeit später begegnete ich Linda Bounds, die meine neue Lehrerin wurde.« Louise und Linda, eine in San Diego lebende Künstlerin, wurden gute Freundinnen. »Linda brachte künstlerische Fähigkeiten in mir zum Vorschein, von denen ich gar nichts gewusst hatte«, erzählt mir Louise. »Wir unternahmen zusammen eine Reise, für die ich ewig dankbar sein werde.«

Linda brachte Louise bei, die Farben Schicht für Schicht auf die Leinwand aufzutragen. Für die Fertigstellung des *segnenden Buddha* brauchte Louise ungefähr zwei Jahre. Während dieser Zeit wurde das Malen für sie zur Meditation. Sie stimmte sich auf das Leben des Buddhas ein. Sie war zutiefst berührt von der, wie sie es nennt, »universellen Güte«, die der Buddha ausstrahlt. So kam sie auf die Idee, das Bild *Der segnende Buddha* zu nennen.

»Ich führte ein Gespräch mit dem Buddha«, sagt Louise zu mir.

»Worüber habt ihr euch denn unterhalten?«, frage ich.

»Über alles«, antwortet sie lächelnd.

»Möchtest du nicht etwas mehr darüber erzählen?«

»Ich bat den Buddha, mir bei dem Bild zu helfen.«

»Ein kluger Schachzug.«

»Ich sagte dem Buddha, dass ich fürchtete, dieser Aufgabe nicht gewachsen zu sein.«

»Was antwortete er?«

»Er sagte: ›Denke daran, dass das Universum dich liebt und möchte, dass du mit allem, was du tust, erfolgreich bist‹«, sagt Louise mit einem Lächeln.

Wenn Louise an dem Bild arbeitete, stimmte sie sich von Mal zu Mal mehr auf die Erleuchtungserfahrung des Buddhas ein. »Zunächst bat ich den Buddha, mir beim Malen des Buddhas zu helfen. Er half bereitwillig, und so bat ich ihn bald auch bei anderen Dingen um Hilfe. Ich bat ihn, mir zu helfen, mich selbst mehr zu lieben, anderen zu vergeben, dankbar zu sein und mich vom Universum führen zu lassen. Ich bat ihn nicht um materielle Dinge. Ich bat ihn, mir auf geistiger Ebene zu helfen. Ich sehe den Buddha als einen sehr mitfühlenden universellen Freund, der hier ist, um uns allen zu helfen.«

Als ich Louise bat, ihre Erfahrungen beim Malen des Bildes *Der segnende Buddha* zusammenzufassen, sagte sie: »Der segnende Buddha lehrte mich, geduldig und liebevoll mit mir zu sein. Um dieses Bild malen zu können, musste ich das kleine Mädchen in mir finden – dieses Mädchen, das ich Lulu nenne. Es malt frei von Angst, Selbstkritik und Zweifeln. Vor allem musste ich offener dafür werden, Gutes zu empfangen. Dieses Bild wurde durch mich erschaffen, nicht von mir. Daher lautet sein vollständiger Name: *Der segnende Buddha: Bitte und dir wird gegeben.*«

Das Bereits-Jetzt-Prinzip

»Ich weiß noch, wie es war, als ich zum ersten Mal entdeckte, dass ich wirklich reich bin«, erzählt mir Louise.

»Wann war das?«, frage ich.

»Das war, als mir klar wurde, dass ich mir jedes Buch kaufen kann, das ich gerne lesen möchte.«

»Wie alt warsrt du da?«

»Ich glaube, etwa Mitte 40.«

»Warum Bücher?«

»Ich hatte sehr wenig Geld. Ich besaß noch nicht einmal eine Uhr. Bücher waren ein erschwinglicher Luxus.«

»Und was hast du gelesen?«

»Florence Scovel Shinns Buch *Das Lebensspiel und seine Regeln* war eine große Inspiration.[2] Mir gefiel ihre praxisorientierte, sachliche Herangehensweise«, sagt Louise.

»Du und Florence seid vielleicht seelenverwandt«, sage ich.

»Ich habe mich ihr immer sehr nahe gefühlt«, erwidert Louise lächelnd.

»Was hast du noch gelesen?«

»Emmet Fox' Werke waren eine große Hilfe.«

»Wodurch bewirkten diese Bücher, dass du dich reich fühltest?«

»Es war darin von einem uns allen angeborenen Potenzial für Liebe und Wohlstand die Rede«, antwortet Louise.

»Was empfandst du, als du das gelesen hast?«

»Na, zuerst erschien es mir lächerlich!«, sagt sie und lacht.

»Warum?«

»Die Fülle und der Reichtum des Universums schienen in meinem Leben nicht zu existieren. Ich konnte mir zwar vorstellen, dass es Menschen gab, für die dieser Reichtum existierte, war mir aber auch sicher, selbst nicht zu ihnen zu gehören.«

»Du fühltest dich nicht liebenswert«, sage ich.

»Ich litt damals unter starken Minderwertigkeitsgefühlen. Und ich war sehr wütend.«

»Warum warst du wütend?«

»In diesen Büchern wurde mir gesagt, dass ich mir selbst den Zugang zu Liebe und Reichtum versperrte«, sagt sie und lacht wieder.

»Trotzdem hast du weitergelesen.«

»Ja. Die Bücher waren für mich wie Rettungsanker. Ich erinnere mich, dass ich mir immer wieder sagte, dass ich nun, wo ich diese Bücher entdeckt hatte, einen Weg finden würde, dieses Potenzial der Liebe und des Reichtums zu erfahren, und dass ich dieses Potenzial nie wieder vergessen würde.«

Diese Bücher waren für Louise wie Aladins Wunderlampe. Sie weckten in ihr ein Potenzial, das bereits in ihr existierte. Dieses Potenzial wartete nur darauf, dass sie den ersten Schritt ihrer Heilungsreise tat. Und heute, 40 Jahre später, ist sie eine der erfolgreichsten Autorinnen der Welt.

»Wann hast du entdeckt, dass du reich bist?«, fragt Louise.

»Mit 18 Jahren«, antworte ich.

»Also schon sehr früh«, sagt Louise.

»Ich beschloss, meine Midlife-Crisis früh hinter mich zu bringen.«

»Wir sollen unsere Lebenswege nicht vergleichen, aber manchmal wünschte ich mir, ich hätte meine Lektionen etwas früher gelernt.«

»Für jeden Menschen gibt es einen göttlichen Plan«, zitiere ich Florence Scovel Shinn. Da lächelt Louise.

»Was ist denn passiert, als du 18 Jahre alt warst?«, fragt sie.

»Ich begegnete Avanti Kumar, meinem ersten spirituellen Mentor.«

»Was hat er dir geraten?«

»Nun, er gab mir viele Bücher. Bücher wie das *Tao Te King*, die *Bhagavad Gita*, das *Dhammapada* und *Autobiographie eines Yogi*, in denen ich zum ersten Mal etwas über Affirmationen las. Diese Bücher waren mein Rettungsanker.«

»Hattest du es bis dahin so schwer wie ich?«, fragt sie.

»Ja. Wie du glaubte ich, dass alle anderen ein göttliches Potenzial hatten, doch ich nicht.«

»Du fühltest dich nicht liebenswert.«

»Ja, aber ich las trotzdem weiter.«

»Du bist deiner inneren Stimme gefolgt«, sagt Louise lächelnd.

»Dafür bin ich heute sehr dankbar.«

»Und wie halfen dir diese Bücher, dich reich zu fühlen?«, fragt sie.

»Avanti war der erste Mensch in meinem Leben, der mir sagte, dass ich bereits reich bin.«

»Hast du ihm geglaubt?«

»Ich habe Avanti gefragt: ›Wenn ich bereits reich bin, wieso spüre ich es dann nicht?‹ Und er antwortete: ›Weil du dich dagegen sperrst.‹«

»Ich hoffe, dass du da auch wütend wurdest wie ich!« Louise lacht.

»Oh ja, ich habe auf ein Kissen eingedroschen«, sage ich.

»Und wie ging es dann weiter?«

»Avanti sagte etwas, das mich völlig umhaute.«

»Was hat er denn gesagt?«

»Er sagte: ›Du fühlst dich momentan nicht reich, weil du nicht erwartest, dich hier und jetzt reich zu fühlen. Stattdessen erwartest du, dich in der Zukunft reich zu fühlen.‹«

»Damit traf er den Nagel auf den Kopf«, sagt Louise.

»Avanti half mir bei meinem ersten Schritt auf dem spirituellen Pfad.«

»Worin bestand dieser erste Schritt?«, fragt Louise.

»Darin, dass ich untersuchte, warum die Liebe in mir nicht fließen konnte.«

»Es ging also darum, innere Blockaden aufzulösen«, sagt Louise.

»Amen.«

Avanti Kumar lehrte mich das, was ich heute das »Bereits-Jetzt-Prinzip« nenne. Das unkonditionierte Selbst, also unser wahres Wesen, ist *bereits jetzt* reich und gesegnet. »Von Anfang an sind alle Wesen Buddha«, sagte Hakuin, ein japanischer Zen-Meister. Wir tragen eine zeitlose Weisheit in uns, die uns hilft, uns an das zu erinnern, was wir vergessen haben. In den Tiefen unserer Seele finden wir unser göttliches Erbe. Wir entdecken, dass wir *bereits jetzt* der Mensch sind, der wir gerne sein wollen.

Das göttliche Potenzial existiert bereits jetzt, nicht erst in der Zukunft. Dieses Potenzial ist unser göttlicher Spiegel. In diesem Spiegel sehen wir unsere gottgegebenen Talente. Dort finden wir das große Glück, die zeitlose Weisheit und die grenzenlose Liebe. Doch irgendwie vergessen wir, dass dieser Spiegel existiert. Wir kleben ihn mit Tausenden von Post-it-Notizen zu. Auf diese Klebezettel schreiben wir schreckliche Botschaften wie *Ich bin nicht liebenswert* und *Ich bin nicht gut genug*. Sie sind angefüllt mit unserer Selbstkritik, unserer Selbstablehnung und unseren Minderwertigkeitskomplexen. Pablo Picasso soll gesagt haben: »Jedes Kind ist ein Künstler. Das Problem besteht darin, ein Künstler zu bleiben, wenn man erwachsen wird.«

Gemäß dem Bereits-Jetzt-Prinzip wurde dir schon alles mitgegeben, was du für deine Lebensreise benötigst. Welchen Weg du auch einschlägst, stets wird die göttliche Führung mit dir sein. »Ich bin mit allem ausgerüstet, was ich brauche, um den göttlichen Plan in meinem Leben auszuführen. Ich bin jeder Situation gewachsen«, schrieb Florence Scovel Shinn. Florences Affirmation erinnert mich an eine Szene aus dem Film *Mary Poppins,* in der Mary Poppins vor Janes und Michaels Augen einen Gegenstand nach dem anderen aus ihrer bodenlosen Reisetasche zieht. Unser wahres Potenzial ist genauso. Es offenbart sich, wenn es gebraucht wird und wenn wir darum bitten. Es ist größer als alles, was unser Ego zu tun vermag.

Was ist mit unseren dunkelsten Momenten, wenn unser Ego am Boden liegt? Wenn wir zweifeln, ob Liebe überhaupt existiert? Wenn wir »nur unsere eigenen Fußabdrücke sehen können« und uns vollkommen allein fühlen? In schrecklichen Zeiten ist es buchstäblich unmöglich, das Richtige zu sagen. Worte sind dann vermutlich ohnehin unangemessen. Durch sie wird oft die Wunde nur noch mehr vertieft. Auch wenn du das dann häufig nicht sehen kannst, ist es doch so, dass selbst an den verlassensten Orten die Heilung bereits begonnen hat. So funktioniert die Realität. Nichts geschieht jemals außerhalb des Einsseins. Die Liebe lässt niemanden im Stich.

Das Bereits-Jetzt-Prinzip erinnert uns an unsere wahre Natur und die Natur der Realität. Es lehrt uns, dass es in dieser Welt Dinge gibt, die der Verstand nicht begreifen kann. Selbst in einer Welt der Angst gibt es Liebe. Selbst wenn du Mangel erleidest, gibt es Fülle. Selbst wenn du Konflikte erlebst, gibt es Frieden. Selbst wenn du allein bist, gibt es Hilfe. Selbst wenn du verwirrt bist, gibt es Führung. Alles, was du brauchst, ist da – hier und jetzt. Deshalb ermutigt Louise uns stets, alle Gebete und Affirmationen immer in der Gegenwartsform zu formulieren. Zum Beispiel so:

Ich bin bereit, mich heute vom Leben lieben zu lassen.

Alles, was ich wissen muss,
wird mir offenbart.
Dankbar nehme ich das Gute an,
das jetzt in meinem Leben ist.
Ich löse mich von allen Konflikten
und lebe in Frieden.
Meine Heilung ist bereits im
Gange.
Ich akzeptiere und wertschätze
die Fülle,
die das Universum mir schenkt.

Jenseits der Unabhängigkeit

In meinem dreitägigen *Loveability*-Seminar gibt es ein Modul mit dem Titel »Das Leben liebt dich«. In diesem Modul erforschen wir, wodurch wir das Fließen der Liebe in unserem Leben blockieren. Vor allem schauen wir uns an, auf welche Weise wir es anderen schwer machen, uns zu lieben. Wir erkennen, wie unser Mangel an Selbstliebe es anderen erschwert, uns zu lieben. Wir untersuchen unsere Ängste im Umgang mit der Liebe, unser Verhalten in Beziehungen, alte Verletzungen, die wir mit uns herumtragen, und unsere unbewussten Abwehrmechanismen, die uns davon abhalten, uns für die Liebe zu öffnen. Einem Hemmschuh in Sachen Liebe widmen wir besondere Aufmerksamkeit: dem Streben nach Unabhängigkeit.

Wie unabhängig bist du? Diese Frage stelle ich meinen Schülern am Anfang des »Das Leben liebt dich«-Moduls. Dann frage ich: *Bist du eine GUP oder eine DUP?* Ich erkläre den Teilnehmern, dass GUP für *Gesunde Unabhängige Person* steht und DUP für *Dysfunktionale Unabhängige Person*. Auf der Skala der Unabhängigkeit gibt es einen gesunden Bereich und einen dysfunktionalen Bereich. Es ist wichtig, dass du den Unterschied erkennst. Und wenn du vom Leben geliebt werden möchtest, musst du eine gute Wahl treffen.

Gesunde Unabhängigkeit ist eine schöpferische Kraft, die alle Menschen durchströmt – und ist überhaupt alles, was existiert. Diese schöpferische Kraft kommt aus dem Einssein. Mit ihr lässt das Einheitsfeld – die Energie des Universums – Blumen und

Wale wachsen, Regenbogen und Sterne, Amethysten und Menschen. Sie verleiht dem Leben Form und lässt aus Embryos Babys werden. Sie hilft Kindern, ihre ersten Schritte zu gehen und auf ihren eigenen zwei Füßen zu stehen. »Ich kann das allein!«, ruft das Kind. Schon bald kann es herumlaufen und spielen. Und all das geschieht nicht in Isolation, sondern in einer behüteten, liebevollen Umgebung.

Gesunde Unabhängigkeit hilft dir, einen Platz in der Gemeinschaft zu finden. Sie hilft dir, dich als *Ich bin* schöpferisch auszudrücken. Tief im Inneren weißt du: *Ich bin gesegnet, werde geliebt und bin liebenswert*. Du bist ein Ich, das aus dem großen Ganzen erschaffen wurde. Das ganze Universum hat bei deiner Erschaffung mitgeholfen. Das ist übrigens nicht bloß Poesie, sondern Naturwissenschaft. In diesem Modul zeige ich meinen Schülern einen Kurzfilm mit dem Astrophysiker und Kosmologen Carl Sagan. Darin sagt Sagan: »Wenn Sie einen Apfelkuchen aus dem Nichts kreieren wollen, müssen Sie zunächst das Universum erfinden.«

Gesunde Unabhängigkeit fördert freies Denken. Sie hilft dir, das eigene Bewusstsein besser zu verstehen, das, in seiner reinsten Form, Ausdruck des unkonditionierten Selbst ist. Sie hilft dir, »unabhängig von der Anerkennung anderer« zu sein, wie der Psychologe Abraham Maslow es in seiner Arbeit über die Hierarchie der menschlichen Bedürfnisse ausdrückte. Gesunde Unabhängigkeit hilft dir, dich von Konditionierungen frei zu machen und dein Selbst frei zur Entfaltung zu bringen. Sie verhilft dir zu gesunder Individualität, und du wirst zur weisen

Frau oder zum weisen Mann, so wie es dem wahren Wesen entspricht.

»Mir hat gesunde Unabhängigkeit das Leben gerettet«, erzählte mir Louise einmal. »Sie verlieh mir den Mut, mit 15 Jahren von zu Hause wegzugehen und damit dem Missbrauch und der Gewalt ein Ende zu setzen.« Gesunde Unabhängigkeit kann dich aus unerfreulichen Situationen befreien. Sie hilft dir, dich auf die angeborene Weisheit zu verlassen, denn darin liegt die wahre Kraft. Sie bewahrt dich davor, dich in ungesunder Abhängigkeit zu verlieren, dich aufzuopfern oder dich selbst aufzugeben. Ohne gesunde Unabhängigkeit lassen sich familiäre Muster nicht heilen, und die Menschheit könnte sich nicht in Richtung Liebe entwickeln.

Und was hat es mit dysfunktionaler Unabhängigkeit auf sich? Einfach ausgedrückt, ist sie ein Fehler. Man treibt etwas an sich Gutes zu weit. Wir sehen uns selbst nicht mehr als individuelle Ausdrucksform des Universums. Stattdessen glauben wir, wir wären unsere eigene Schöpfung. Wir existieren in Isolation. Wir sehen die Welt nur mit unseren physischen Augen. Wenn wir sie aber mit dem Herzen betrachten oder durch die Linse der Quantenphysik, entdecken wir, dass alle Formen des Getrenntseins, einschließlich unseres persönlichen Egos, »eine optische Täuschung« sind, wie Albert Einstein es ausdrückte.

Dysfunktionale Unabhängigkeit ist sehr einsam. Sie versetzt dich aus dem Einssein an einen Ort, den man Hölle nennen könnte. Als DUP fühlst du dich von allem und jedem getrennt, auch von dir selbst. Du verlierst nicht nur den Kontakt zu anderen Menschen, du verlierst auch den Kontakt zu dir selbst. Dein Selbstgefühl zerbricht. Wenn es wirklich schlimm wird, spürst du dein Herz nicht mehr, agierst wie ein Automat, liegst im ständigen Konflikt mit dir selbst und zweifelst daran, eine Seele zu haben. Dein Ego versucht, alles das zu werden, was eigentlich das unkonditionierte Selbst ist. Doch ohne die Unterstützung dieses größeren Selbst endet dieser Versuch damit, dass das Ego sich einsam, überfordert und ungeliebt fühlt.

Dysfunktionale Unabhängigkeit ist ein sehr beängstigender Zustand. Wir treffen diese Wahl aus Angst, und sie löst ihrerseits eine Menge Angst aus. In dysfunktionale Unabhängigkeit flüchten wir uns meistens als Reaktion auf eine Verletzung. Irgendwann wurdest du verletzt. Du hast reagiert, indem du dich in dich selbst zurückzogst, um dich sicher zu fühlen. Du hast beschlossen, um dich herum eine Mauer zu errichten. Diese Mauer sollte dich davor bewahren, erneut verletzt zu werden. Und diese Aufgabe erfüllte sie. Sie sperrte die Welt aus. Nur bliebst du dadurch mit deiner ursprünglichen Verletzung allein. Nichts konnte zu dir gelangen: keine Hilfe, keine Menschen, die dich lieben, noch nicht einmal die Engel.

Dysfunktionale Unabhängigkeit sperrt die Liebe aus. Je mehr du zu einer DUP wirst, desto mehr schließst du dich von allem aus. Dein Ego glaubt, du könntest dich dadurch schützen, aber das ist nicht wahr. Je verschlossener du wirst, desto mehr Ängste baust du auf. Sogar vor der Liebe fürchtest du dich. Deswegen machst du es anderen so schwer, dir Liebe zu schenken. Du hast Angst davor, dass die Liebe dich verletzen könnte, und du willst nicht wieder verletzt werden. Doch in Wahrheit wurdest du niemals durch die Liebe verletzt. Nur Lieblosigkeit kann dich verletzen. Liebe kann nur lieben, und nur Liebe kann dich retten.

Dysfunktionale Unabhängigkeit ist der Zustand, in dem wir am weitesten von unserem unkonditionierten Selbst entfernt sind. Eine DUP zu sein blockiert dein Wachstum. Du versuchst, ganz auf dich allein gestellt zu leben, ohne Feedback, ohne Hilfe, ohne Liebe, und das funktioniert nicht. »Individualität ist nur möglich, wenn sie sich aus der Ganzheit heraus entfaltet«, sagte der Physiker David Bohm. Mit anderen Worten, nur wenn wir ins Einssein zurückkehren – und uns vom Leben lieben lassen –, können wir unsere wahre Bestimmung erfüllen und unser wahres Sein leben.

Louise sagte einmal zu mir: »Alle Türen des Universums stehen immer offen. Die Tür zur Weisheit steht offen. Die Tür zur Heilung steht offen. Die Tür zur Liebe steht offen. Die Tür zur Vergebung steht offen. Die Tür zum Wohlstand steht offen. Das gilt jederzeit, auch wenn wir gerade einen schlechten Tag haben.« Das Einssein ist rund um die Uhr für dich geöffnet! Jenseits der dysfunktionalen Unabhängigkeit erwartet dich ein Universum der Inspiration und Liebe. Das Leben erwartet dich. Dafür musst du nichts weiter tun, als die Wand aufzubrechen, eine Tür einzubauen und die Liebe hereinzulassen.

Dein unkonditioniertes Selbst ist immer offen für die Liebe. In dem Kursmodul »Das Leben liebt dich« mache ich mit meinen Schülern eine von Louises Lieblingsübungen zum Thema Liebe. Dabei stellt man sich mit ausgebreiteten Armen vor einen Spiegel und sagt:

»Ich bin bereit,
die Liebe hereinzulassen.
Ich kann gefahrlos
die Liebe hereinlassen.
Ich sage Ja dazu,
die Liebe hereinzulassen.«

Louise empfiehlt, diese Übung dreimal täglich zu machen. Es handelt sich um eine sehr einfache Übung, die Türen öffnet und, mit etwas Geduld, auch Mauern beseitigt.

Ich beende dieses Modul meines Seminars immer mit einem wunderbaren Gebet von Louise zum Thema Offenheit:

Ich existiere in der Unendlichkeit des Lebens,
und dort ist alles vollkommen, heil und ganz.

Ich glaube an eine Macht, die größer ist als ich
und mich in jedem Augenblick durchströmt.

Ich öffne mich für die innere Weisheit in dem Wissen,
dass es im Universum nur eine Intelligenz gibt.

Aus dieser einen Intelligenz kommen alle Antworten,
alle Lösungen, alle Heilungen, alle neuen Schöpfungen.
Ich vertraue auf diese Macht und Intelligenz im Wissen,
dass mir stets alles offenbart wird, was ich wissen muss,
und dass alles, was ich brauche, zu mir kommt,
und zwar zur rechten Zeit und am rechten Ort.

Alles ist gut in meiner Welt.

Sich öffnen, statt zu kämpfen

Selbst nach so langer Zeit
sagt die Sonne niemals zur Erde:
»Du schuldest mir etwas.«
Schau, was eine solche Liebe bewirkt:
Sie erleuchtet den ganzen Himmel.
DANIEL LADINSKY

Dieses Gedicht ist eine weitere wundervolle Hafiz[3]-Interpretation des Dichters Daniel Ladinsky. Sie vermittelt uns einen Eindruck von der bedingungslosen Natur der Liebe. Sie erinnert uns daran, dass wahre Liebe geschenkt wird, ohne eine Gegenleistung zu verlangen, und dass sie für uns alle gleichermaßen verfügbar ist. Diese Liebe ist größer als die Vernunft, denn sie ist grenzenlos. Mit dem Verstand können wir sie nicht begreifen. Sie ist nicht bloß eine Idee. Sie kommt aus dem Einssein. Sie ist die ursprüngliche Energie des Einheitsfeldes. Sie ist das Grundbewusstsein des Lebens. Sie ist das Herz des Universums, das seine grenzenlose Großzügigkeit zum Ausdruck bringt.

Liebe ist bedingungslos. Das ist für uns leicht nachvollziehbar, solange wir uns im Einklang mit unserem unkonditionierten Selbst befinden. Dann leben wir im Bewusstsein der Grundwahrheit *Ich bin liebenswert* und des Grundvertrauens *Ich werde geliebt*. Wenn wir aber aus diesem Zustand herausfallen, verlieren wir aus den Augen, wer wir sind und was Liebe ist. Liebe wird zu einem Mythos oder, schlimmer noch, zu einer Religion. Die Grundangst *Ich bin nicht liebenswert* und das Grundmisstrauen *Ich werde nicht geliebt* verzerren unsere Wahrnehmung, und das Ego verwandelt die Liebe in ein Abbild seiner selbst. Wir fürchten, Liebe nur noch erfahren zu können, wenn wir sie uns verdienen.

Man muss sich Liebe aber niemals verdienen. Sie wird frei geschenkt. Um die Liebe Liebe sein zu lassen und sich vom Leben lieben zu lassen, musst du akzeptieren, dass Liebe nicht auf Leistung beruht. Liebe ist kein Geschäft. Man muss nichts für sie bezahlen. Liebe sagt niemals zu dir: »Du schuldest mir etwas.« Liebe ist kein Urteil. Was du auch immer in der Vergangenheit Schreckliches getan haben magst, die Liebe wartet auf dich. Die Liebe schließt niemanden aus. Auch dich nicht. Auch nicht deinen schlimmsten Feind. Die bedingungslose Natur der Liebe ist es, die sie so mächtig macht. Sie überwindet alle Hindernisse. Sie bringt uns alle nach Hause.

Solange du denkst, dass du dir Liebe verdienen musst, wirst du dich nur bis zu einem bestimmten Maß vom Leben lieben lassen. Dann wird dein Selbstbild die Bedingungen festlegen, nicht die Liebe. Dann stellst du selbst gewählte Regeln und Standards auf, von denen die Liebe nichts weiß. Dein Ego wird den Vertrag aufsetzen, nicht die Liebe. Er enthält alle möglichen einschränkenden Klauseln, die besagen: *Ich kann mich vom Leben lieben lassen, wenn …* Diese Klauseln lassen sich überwiegend diesen drei Oberbegriffen zuordnen: Arbeits-Ethik, Leidens-Ethik und Märtyrer-Ethik.

»Das Leben liebt uns und wird uns helfen, dieses Buch zu schreiben«, schrieb mir Louise in einer E-Mail an dem Tag, an dem wir beide eingewilligt hatten, *Das Leben liebt dich!* zu schreiben. In dieser E-Mail schrieb sie außerdem: »Das Buch ist bereits geschrieben. Alles, was wir tun müssen, ist, es geschehen zu lassen.« Ihre Worte erinnerten mich an einen buddhistischen Mönch, den ich in Indien getroffen hatte, in Bodhgaya. Wir begegneten uns an dem Bodhi-Baum beim Mahabodhi-Tempel. An diesem Ort erlebte Siddhartha Gautama seine Erleuchtung und wurde als der Buddha bekannt – der Erwachte.

Der Mönch arbeitete an einem kunstvollen *Thangka,* einem auf Baumwolle und Seide gemalten Bild des Vajradhara-Buddhas, der Essenz universeller Liebe und Weisheit. Als ich sein schönes Kunstwerk lobte, lächelte der Mönch und sagte: »Ich bin Gottes Fotokopierer. Gott gibt mir die Bilder ein. Ich muss nichts weiter tun, als sie sorgfältig auf das Blatt zu kopieren.« Er sagte, ein wirklicher Künstler arbeite konzentriert, aber mühelos: »Die Mühe kommt nicht aus dem Ego, sondern aus der großen Entschlossenheit des Himmels.«

Ich schreibe unter anderem deshalb so gerne, weil alles Geschriebene aus einem Prozess der Mit-Schöpfung und Zusammenarbeit mit dem Leben kommt. Schreiben mag etwas sein, das man allein tut, doch man ist dabei nicht allein. An guten Tagen fließt das Schreiben leicht und mühelos. An schwierigen Tagen, von denen ich einige erlebt habe, fließt das Schreiben nicht. Ich spüre, dass die Worte da sind, aber es gelingt mir nicht, sie auf der Seite aneinanderzureihen. In der Regel ist die

Blockade darauf zurückzuführen, dass ich mich zu sehr bemühe. Ich versuche, den Fluss künstlich zu beschleunigen. Ich will ihn kontrollieren, statt ihn einfach geschehen zu lassen.

Während ich dieses Buch schrieb, schickte mir Louise viele liebevolle Nachrichten, in denen sie mich ermutigte, die Kreativität mühelos fließen zu lassen, offen für Inspirationen zu sein, mich führen zu lassen und dem Prozess zu vertrauen. So wie sie es beim Malen des *segnenden Buddha* getan hatte, wollte sie, dass die Arbeit *durch* uns entsteht. Gleich zu Anfang erstellten wir eine Liste von Affirmationen, die es uns erleichtern sollten, uns auf das Buch zu konzentrieren. Dazu gehörten: *Das Leben liebt uns und schreibt dieses Buch. Jeden Tag hilft uns das Leben beim Schreiben.* Und: *Wir sind dankbar für alle Unterstützung und Führung, die wir während der Arbeit an* Das Leben liebt dich! *erhalten.* Bei jedem Buch, das ich schreibe, erstelle ich eine Affirmationsliste, und mit Louise machte das besonders viel Freude.

Louise hat es nicht so sehr mit der üblichen »Arbeitsmoral«. Sie glaubt nicht an den Spruch: *Wenn du willst, dass etwas vernünftig gemacht wird, musst du es selbst erledigen.* Sie ist nicht der Ansicht, dass wir bei der Arbeit ganz auf uns allein gestellt sind. »Während der ersten Hälfte meines Lebens habe ich mich furchtbar abgemüht, weil ich es nicht besser wusste«, erzählte sie mir. »Ich versuchte, alles allein zu schaffen. Am Ende war ich geschieden, unglücklich und krebskrank. Als ich lernte, Hilfe anzunehmen, und offener dafür wurde, Gutes in mein Leben hereinzulassen, wurde alles leichter. Mit der Zeit lernte ich, mich selbst zu lieben und darauf zu vertrauen, dass auch das Leben mich liebt.«

Louise betont immer wieder, dass die Liebe jedes Hindernis überwindet. »Die Barrieren, die wir erleben, beruhen alle auf Einbildung. Sie sind nicht real«, sagt sie. Meistens leiden wir, weil wir uns der göttlichen Hilfe nicht bewusst sind, die jederzeit für uns verfügbar ist. Wir glauben, wir müssten alles allein schaffen. Wir leiden, mühen uns ab, opfern uns auf, weil wir nicht offen dafür sind, uns vom Leben mit Liebe überschütten zu lassen.

Als Siddhartha vor vielen Jahrhunderten in Bodhgaya unter dem Bodhi-Baum saß, war er der Suche nach Erleuchtung überdrüssig. Er wollte die Erleuchtung sofort. Auf seinen Reisen hatte er im Streben nach Erleuchtung Askese, extreme Selbstaufopferung und edles Leiden praktiziert. Doch das alles hatte nicht zum Erfolg geführt. Und dann, als er unter dem Baum saß, beschloss er, seine Suche zu beenden. Er bemühte sich nicht länger. Er entspannte sich. Er tat nichts mehr. In diesem Moment erlebte er den großen Segen des Universums.

Wie es heißt, lauteten die ersten Worte des Buddhas nach der Erleuchtung: »Ich bin jetzt mit allen Wesen erleuchtet.« Das ist sehr wichtig. Er sagte nicht: »Ich bin erleuchteter als ihr.« Oder: »Ich bin erleuchtet, aber ihr seid es nicht.« Er erlebte eine Erleuchtung, die als Potenzial in uns allen existiert. Und dieses Potenzial existiert jetzt, nicht in der Zukunft. Die Liebe strömt in unser Leben, sobald wir uns für sie öffnen. Wir leben alle in der Einheit. Wir alle sind Teil des großen Werkes der Liebe.

Universelle Liebe scheint, wie die Sonne, auf uns alle. Sie lässt niemanden außen vor. Von Galileo Galilei, dem italienischen Physiker und Philosophen, stammt folgende Beobachtung:

Die Sonne,
mit allen Planeten, die sie
umkreisen und von ihr abhängen,
kann dennoch die
Weintrauben reifen lassen,
als hätte sie im Universum
nichts anderes zu tun.

ÜBUNG 6

Ein Geschenke-Tagebuch

Louise und ich frühstücken in ihrer Küche. Sie bringt zwei Smoothies, die sie im Mixer püriert hat. »Hier«, sagt sie und reicht mir ein Glas. Der Smoothie ist dickflüssig und riecht wie ein ganzes Gemüse-Sortiment. »Was ist da drin?«, frage ich. Louise lächelt. »Alles, was gut für dich ist«, sagt sie. Mit anderen Worten, sie wird es mir nicht verraten. »Alles, was du tun musst, ist empfangen«, sagt sie. Sie weiß, dass das Empfangen, das Annehmen von Geschenken, an diesem Morgen unser Thema ist. Bevor ich den ersten Schluck trinke, bete ich laut: »Lieber Gott, hilf mir, Geschenke anzunehmen.« Während wir den Smoothie trinken, schauen wir uns auf Louises iPad einen kurzen Film über ihre Kunstausstellung in der ArtBeat Gallery an. Die Ausstellung war ein voller Erfolg. Ursprünglich sollte sie zwei Wochen dauern, wurde wegen des großen Interesses aber auf sechs Wochen verlängert. Von ihrem Bild *Der segnende Buddha* wurden Hunderte Drucke verkauft. Jeder Druck wurde von Louise persönlich signiert, und der Verkaufserlös floss in ihre Stiftung, die Hay Foundation.

»Ich hätte nie gedacht, dass ich meine Bilder einmal öffentlich ausstellen würde«, sagt Louise.

»Ursprünglich hast du die Bilder nur für dich selbst gemalt.«

»Als Kind wurde ich nicht dazu ermutigt, meine Kreativität zu entfalten«, sagt sie.

»Ich auch nicht.«

»Es hieß, ich könnte nicht tanzen, also hörte ich auf damit.«

»Ich wurde in meiner Klasse in die Gruppe der Nicht-Sänger einsortiert«, erzähle ich ihr.

»Jahrelang habe ich mir gesagt: ›Ich bin nicht kreativ.‹«

»Das ist eine machtvolle Affirmation.«

»Die Kreativität des Universums durchströmt uns alle«, affirmiert Louise.

»Und zwar ausnahmslos!«

»Jeder Mensch ist kreativ, und jeden Tag erschaffen wir unser Leben.«

»Unser Leben ist die wahre Leinwand.«

»Ja. Und wenn wir den kreativen Strom des Universums anzapfen, bringen wir unser wahres Potenzial zum Ausdruck. So vollbringen wir in unserem Leben Wunder.«

»Und wie können wir diesen Strom anzapfen?«

»Indem wir lernen, zu empfangen, Geschenke anzunehmen«, antwortet sie.

Gesegnet sind, die empfangen. Auf der reinsten Ebene geht es beim Annehmen der Geschenke des Lebens darum, offen und empfangsbereit gegenüber unserer wahren Natur zu sein. Es geht nicht um Dinge. Es geht um einen selbst. Es geht nicht darum, zu bekommen oder zu besitzen. Es geht ums Sein. Zu wissen, wer wir sind, bedingungslos und unverstellt, erfordert ehrliche Offenheit. Es geht um Selbstakzeptanz. *Wer bin ich, wenn ich mich selbst nicht kritisiere oder ablehne?* Diese Frage musst du dir stellen. Wähle den Weg der Empfänglichkeit. Er wird dich nach Hause zu deinem unkonditionierten Selbst bringen. Dort empfängst du den ursprünglichen Segen, der süß ist wie Honig.

Das Empfangen ist eine spirituelle Übung. Jedes Mal, wenn du bejahst: *Ich bin offen und empfangsbereit für alle Segnungen des Lebens*, kultivierst du damit einen Zustand der Offenheit und Empfänglichkeit. In der buddhistischen Tradition heißt diese offene Grundhaltung *Shunyata*. Gemeint ist damit die Bewusstheit deines ursprünglichen Geistes, der frei von Ichbezogenheit, Angst, Minderwertigkeitskomplexen, Selbstverurteilung, Selbstzweifeln, Verbitterung und Verdruss ist. Shunyata ist, wie die Liebe sich anfühlt. Diese offene Grundhaltung hilft dir, empfänglich zu sein für Schönheit, Inspiration, Führung, Heilung und Liebe. Sie ist ein großes Ja!

Louise drückt es so aus: »Das Universum sagt Ja zu uns. Es will, dass wir unser höchstes Bestes erleben. Wenn du darum bittest, sagt das Universum nicht: ›Ich werde über deine Bitte nachdenken.‹ Es sagt Ja. Das Universum hat immer schon Ja dazu gesagt, dass dir alle Segnungen zuteilwerden.« Und auch du musst Ja sagen. Der Schlüssel dazu ist innere Bereitschaft. Wenn du erklärst: »Ich bin bereit, in dieser Situation mein höchstes Gutes zu empfangen«, verändert das deine Wahrnehmung und Lebensumstände.

»Wenn der Schüler bereit ist, erscheint der Lehrer«, sagte sich Louise, und kurz danach begegnete sie ihrer Kunstlehrerin Linda Bounds. »Das Gleiche sagte ich mir, als ich einen wirklich guten Pilates-Trainer vor Ort suchte«, erzählte Louise mir. »Zwei Tage später traf ich Ahlea Khadro.« Ahlea ist Elliotts Mutter. Das ist der kleine Junge, der bei unserem Thanksgiving-Essen zum Spiegel lief und sein Spiegelbild küsste. Ahlea koordiniert nun Louises gesamtes Gesundheitsprogramm. Sie und Louise sind gute Freundinnen geworden. In meinem Buch *Authentic Success* schrieb ich über die Macht der inneren Bereitschaft. Ich erklärte, wie sie uns helfen kann, in allen Lebensbereichen eine ganz neue Ebene des Erfolgs zu erreichen. Im Kapitel über Gnade präsentierte ich diese Meditation zum Thema innere Bereitschaft:[4]

Wenn der Schüler bereit ist, erscheint der Lehrer.
Wenn der Denker bereit ist, erscheint die Idee.
Wenn der Künstler bereit ist, erscheint die Inspiration.
Wenn der Diener bereit ist, erscheint die Aufgabe.
Wenn der Athlet bereit ist, erscheint die sportliche Leistung.
Wenn der Anführer bereit ist, erscheint die Vision.
Wenn der Liebende bereit ist, erscheint der Partner/
die Partnerin.
Wenn der Jünger bereit ist, erscheint Gott.
Wenn der Lehrer bereit ist, erscheint der Schüler.

Empfänglichkeit ist die beste Psychotherapie. Wenn es dir wirklich ernst damit ist, dich innerlich zu öffnen, und du es zu einer täglichen Praxis machst, wirst du entdecken, dass sich in dir alle Blockaden auflösen, die der Liebe im Weg stehen. Indem du erklärst: *Ich bin bereit, offener und empfänglicher zu werden,* aktivierst du eine Macht in dir, die Minderwertigkeitsgefühle, dysfunktionale Unabhängigkeit, ungesunde Selbstaufopferung, finanzielle Unsicherheit und jede andere Form des Mangels zu heilen vermag. Empfänglichkeit hilft dir, deinen wahren Wert zu erkennen und ein Leben in Leichtigkeit und Freude zu führen.

Offenheit und Empfänglichkeit bewirken, dass du in der Gegenwart lebst. Sie helfen dir, wirklich dort zu sein, wo du gerade bist, tief einzuatmen und alles Gute anzunehmen, was das Leben dir schenken möchte. »Oft fehlt es uns allein an der Bereitschaft, Gutes anzunehmen«, sagt Louise. »Das Universum sorgt immer für uns, aber wir müssen offen und empfangsbereit sein, um das erkennen zu können.« Die Bereitschaft, Gutes zu empfangen, öffnet und bewirkt, dass du alle einschränkenden Theorien darüber hinter dir lässt, was du angeblich verdienst und für möglich hältst. Und du entdeckst, was bereits jetzt alles für dich da ist.

In diesem Kapitel besteht die spirituelle Übung darin, ein Geschenke-Tagebuch zu führen. Wir laden dich ein, während der nächsten sieben Tage täglich 15 Minuten zu investieren, um deine Bereitschaft, Gutes zu empfangen, zu steigern. Schreibe zehn Antworten auf folgenden Satz in dein Geschenke-Tagebuch: *Jetzt im Moment schenkt das Leben mir Liebe, indem es …* Zensiere deine Antworten nicht. Lass sie spontan fließen.

Wenn du möchtest, kannst du diese Übung mit einem Therapeuten, einem Freund, der Partnerin/dem Partner oder den Kindern machen. Du kannst daraus einen Dialog machen, in dem beide abwechselnd den Satz vervollständigen. Wenn du zehn Antworten notiert hast, lies dir die Liste aufmerksam durch und mache dir bewusst, wie sehr das Leben dich jetzt in diesem Moment liebt.

Jetzt im Moment schenkt das Leben mir Liebe, indem es … Meine Frau Hollie und ich machen diese Übung spät am Abend, wenn die Kinder schlafen und wir etwas Zeit für uns haben. Das haben wir während der ganzen Zeit getan, die ich an *Das Leben liebt dich!* schrieb. Diese Übung hat uns die Augen geöffnet. An guten Tagen macht sie alles noch schöner. An schwierigen Tagen inspiriert und ermutigt sie uns sehr. Je öfter du die Übung machst, desto einfacher wird sie. Je mehr du hinschaust, desto mehr siehst du. Unser Freund Chuck Spazzano sagt:

Wenn der Empfänger bereit ist,
erscheint das Geschenk.

* * *

7. KAPITEL

Die Zukunft heilen

Jeder Gedanke, den wir denken,
erschafft unsere Zukunft.
LOUISE HAY

Louise und ich sitzen beim Abendessen. Wir haben den Tag mit Gesprächen, Spazierengehen, Gärtnern und Kochen verbracht. Wir hatten keine Pläne: Wir gingen einfach mit dem Flow. Es ist einer dieser Tage, an denen man die Zeit völlig vergisst. Sie vergeht langsam und schnell. Wir sitzen am Rand des Universums – dem großen runden Esstisch, den Louise mit Sternen und wirbelnden Galaxien bemalt hat. Über dem Meer geht die Sonne unter. Ein Kolibri trinkt an einem Springbrunnen in Louises Garten.

»Was hältst von der Idee eines freundlichen Universums?«, frage ich Louise. Sie denkt einen Moment über die Frage nach. »Ich finde, dass es eine sehr gute Idee ist«, antwortet sie mit einem Lächeln.

Albert Einstein soll gesagt haben, die wichtigste Frage, die wir alle beantworten müssten, sei: »Ist das Universum ein freundlicher Ort?« Einstein war theoretischer Physiker. Er sagte, er wolle die Gedanken Gottes verstehen. Für ihn war »die Natur eine Manifestation von Intelligenz«, und er erkannte »eine wunderbare Struktur hinter der Wirklichkeit«. Er betrachtete das Universum als »vereintes Ganzes« und die Welt als Ausdruck »gesetzmäßiger Harmonie«, von der alle Dinge und Wesen gleichermaßen unterstützt und getragen würden. Einstein schrieb: »Gott ist subtil, aber er ist nicht bösartig.«

»Ist das Universum freundlich?«, frage ich Louise.

»Es gibt nur einen Weg, das herauszufinden«, sagt sie.

»Und was ist das für ein Weg?«

»Sag Ja.« Louise lächelt.

»Was meinst du damit?«

»Wenn die Antwort Nein ist, wirst du nie herausfinden, ob das Universum freundlich ist«, sagt sie.

»Weil man die Freundlichkeit nicht sehen wird, wenn man Nein sagt.«

»Genau. Aber wenn du Ja sagst, wirst du Freundlichkeit erfahren.«

»Es hängt also von unserem Ja ab.«

»Die Antwort liegt in uns selbst«, sagt Louise.

Louises Antwort erinnert mich an Pascals Wette. Blaise Pascal war ein französischer Physiker und Philosoph des 17. Jahrhunderts. Als er darüber nachsann, ob Gott existierte oder nicht, erkannte er, dass die Vernunft hier nicht weiterhalf: Wir können die nichtphysische Realität nicht sehen – Atome oder unsere Seele. »Gott ist, oder Er ist nicht«, sagte Pascal. Er gelangte zu dem Schluss, dass wir eine Wette eingehen müssen. Mit anderen Worten, wir müssen uns einfach entscheiden, Ja oder Nein zur Existenz Gottes zu sagen. Er empfahl, dass wir ohne Zögern darauf wetten sollten, dass Gott existiert. »Wenn du dann gewinnst, gewinnst du alles. Wenn du verlierst, verlierst du nichts«, sagte er.

Ich moderiere für das Hay House Radio die wöchentliche Sendung *Shift Happens!*. In einer der letzten Sendungen rief eine Frau an, die um Hilfe bei der Partnersuche bat. Sie hatte sich vor sechseinhalb Jahren scheiden lassen und lebte seitdem allein. »Existiert die Liebe überhaupt?«, fragte sie mich. Ich sagte: »Wenn du auf die Liebe wartest, wirst du das nie herausfinden.« Wenn wir nichts tun als warten, enden wir wie Wladimir und Estragon, die beiden Figuren in Samuel Becketts absurdem Theaterstück *Warten auf Godot*[1], die noch nicht einmal wissen, worauf sie eigentlich warten. Nur indem wir lieben, erfahren wir, ob die Liebe existiert oder nicht.

»Das Leben versucht stets, uns zu lieben, aber wir müssen dafür offen sein, sonst sehen wir es nicht«, sagt Louise.

»Und wie bleiben wir offen?«, frage ich.

»Durch die Bereitschaft, uns selbst zu lieben«, antwortet sie.

»Selbstliebe ist also der Schlüssel, damit das Leben uns lieben kann.«

»Wenn wir unseren Mangel an Selbstliebe auf andere projizieren, werfen wir ihnen vor, uns nicht genug zu lieben. Und dann nehmen wir das Universum als unfreundlich wahr«, erklärt Louise.

»Wahrnehmung wird durch Projektion erzeugt«, zitiere ich aus *Ein Kurs in Wundern*.

»Angst zeigt uns eine Welt, und Liebe zeigt uns eine andere Welt«, sagt Louise. »Wir entscheiden, welche dieser Welten real ist. Und wir entscheiden, in welcher Welt wir leben möchten.«

Albert Einstein sagte: »Ob wir etwas beobachten können oder nicht, hängt davon ab, welche Theorie wir verwenden. Die Theorie entscheidet darüber, was beobachtet werden kann.« Was wir sehen können, hängt von der Art und Weise des Schauens ab. Einstein ermutigte uns, die Fesseln des Verstandes zu sprengen und aus dem Gefängnis unserer Ideen auszubrechen. Einstein nutzte seinen Intellekt, warnte aber davor, ihn zum Gott zu erheben, weil die Möglichkeiten des Intellekts begrenzt sind. »Ich glaube an Intuition und Inspiration«, sagte Einstein. Berühmt ist auch sein Zitat: »Fantasie ist wichtiger als Wissen. Wissen ist begrenzt, Fantasie aber umfasst die ganze Welt.«

Viele Philosophie-Schulen haben im Lauf der Jahrhunderte Theorien und Ideen erforscht, die von einem freundlichen Universum ausgehen. Zum Beispiel unterschied Platon zwischen einem wesenhaften und einem wahrgenommenen Universum. Er sagte, das wesenhafte Universum sei vollkommen, gut und heil (so wie das unkonditionierte Selbst). Er erkannte aber, dass unser Ego (unsere Wahrnehmung, ein abgetrenntes, isoliertes Selbst zu sein) nie das Gesamtbild sehen kann. Daher lebt es in einem wahrgenommenen Universum, und in diesem Zustand verlieren wir häufig das aus dem Blick, was Platon die »absolute Schönheit« und »freundliche Harmonie« der Schöpfung nannte.

Thomas Jefferson war Farmer, Jurist und Politiker. In seiner Jugend studierte er Mathematik, Metaphysik und Philosophie. Er war nicht nur Präsident der Vereinigten Staaten, sondern auch Präsident der Amerikanischen Philosophischen Gesellschaft. Er betrachtete die Schöpfung als »wohlwollende Ordnung der Dinge«, und diese Sicht bestimmte sein Denken. Er beschrieb Gott als »wohlwollenden Gouverneur« der Welt. Die Worte Jesu bezeichnete er als »den edelsten und wohltätigsten Moralkodex, der den Menschen je überliefert wurde«. Ausnahmslos jeder, der ihn befolge, werde völlige Befreiung erfahren.

Auch im Mittelpunkt der buddhistischen Philosophie steht die Idee eines wohlwollenden Universums. Der Buddha lehrte universelle Freundlichkeit und liebevolle Güte als wesenhaftes Bewusstsein der Schöpfung. »Das Leben ist ein guter Lehrer und ein guter Freund«, sagt Pema Chödrön. Diese Güte der Natur manifestiert sich durch uns, wenn wir im Einklang mit unserem unkonditionierten Selbst leben. Jedoch verlieren wir sie aus dem Blick, wenn wir nicht länger liebevolle Güte praktizieren. Dann leiden wir.

Die Anerkennung des Leidens ist ebenfalls ein zentrales Element des Buddhismus. »Das Leben ist voller Leiden«, sagt uns die erste der Vier Edlen Wahrheiten. Nirgendwo behauptete der Buddha, das Leben wolle, dass wir leiden. Der Buddha lehrte, dass unser Leiden nicht vom Leben verursacht wird, sondern von uns selbst – durch das, was wir uns selbst und anderen antun. Durch liebevolle Güte und Mitgefühl erfahren wir Heilung und vereinigen uns wieder mit der natürlichen Harmonie des Universums.

»Wenn das Universum freundlich und gütig ist, warum leiden wir dann?«, frage ich Louise.

»Nun, ich glaube nicht, dass das Universum will, dass wir leiden«, sagt sie.

»Und doch gibt es Leid.«

»Wir können das Leiden heilen, indem wir uns mit der Ursache des Leidens identifizieren«, sagt sie.

»Und was ist die Ursache des Leidens?«, frage ich.

»Wenn wir mit uns selbst ehrlich sind, müssen wir anerkennen, dass wir einen großen Teil unseres Leidens selbst verursachen«, sagt sie.

»Das Leben verurteilt uns nicht«, sage ich und beziehe mich auf unser früheres Gespräch.

»Genau«, sagt Louise. »Das Leben verurteilt uns nicht, aber wir verurteilen uns. Das Leben kritisiert uns nicht, aber wir kritisieren uns. Das Leben lässt uns nicht im Stich, aber wir lassen uns im Stich.«

»Wodurch verursachen wir noch das eigene Leiden?«, frage ich.

»Wenn wir aufhören, uns selbst zu lieben, bringen wir damit endloses Leiden über uns«, antwortet sie.

Es gibt Zehntausende Arten, wie wir uns selbst Leid zufügen, wobei meistens ein Mangel an Selbstliebe dahintersteckt. Wenn wir aufhören, uns selbst zu lieben, sind wir nicht länger freundlich zu uns selbst. Der Verlust des Mitgefühls lässt die Weisheit des Herzens verstummen. Keine Güte, keine Weisheit. Wir folgen dann dem Weg der Angst. Wir suchen am falschen Ort nach Liebe. Wir suchen in der Außenwelt nach Glück. Wir verdienen eine Million Dollar und fühlen uns immer noch arm. Eine Million Dollar genügen uns nicht, weil sie nicht zwei Millionen Dollar sind und weil wir uns mit Geld nicht kaufen können, was wir wirklich suchen.

»Wir fügen uns auch gegenseitig Leid zu«, sagt Louise. Das stimmt, nicht wahr? Wenn Menschen aufhören, sich selbst zu lieben, lieben sie auch andere Menschen nicht mehr. So ist es nun einmal. *Verletzte Menschen verletzen andere Menschen*, lautet das Sprichwort. Wenn wir vergessen, was real ist – das Einssein, unser Grundvertrauen, die wohlwollende Ordnung der Dinge –, fallen wir aus der Gnade heraus und verlieren uns in zehntausend sinnlosen Dramen. Wir projizieren unseren Schmerz, wir beschuldigen uns gegenseitig, wir verteidigen und greifen an, und wir versuchen, unsere Auffassung mit Gewalt durchzusetzen. »Nur Liebe vermag allen Streit zu beenden«, sagt Rumi.

Es gibt noch eine andere Art von Leiden. Dieses Leiden erleben wir alle, denn es hat mit der vergänglichen Natur des Lebens zu tun. Wir beklagen den Tod geliebter Menschen, wir trauern um das Ende einer Beziehung oder den Verlust eines Arbeitsplatzes, und wir müssen noch zehntausend andere Verluste ertragen. Wir erleben körperliche Schmerzen, Krankheiten, Alter und die

Angst vor dem eigenen Tod. Diese Art des Leidens bezeichnete der Buddha als *Dukkha*. Es wird dadurch verursacht, dass wir an Dingen festhalten, die wir uns wünschen, dass wir Unerwünschtes wegstoßen und wollen, dass alles, einschließlich uns selbst, ewig dauert, worüber wir unser wahres Wesen vergessen. Dieses Anhaften ist durch und durch menschlich. Es verdient unser Mitgefühl und unsere Liebe. Liebe beendet das Leiden.

»Die Theorie eines freundlichen Universums kann man auch auf eine andere Weise betrachten«, sagt Louise lächelnd.

»Wie denn?«

»Statt zu fragen: *Wie freundlich ist das Universum?*, kannst du dich fragen: *Wie freundlich bin ich?*«

»Das gefällt mir.«

»Wir existieren nicht getrennt vom Universum.«

»Das Universum ist nicht *dort draußen*«, sage ich und zeige auf Louises Esstisch.

»Das Universum sind wir«, sagt sie.

»Und so, wie wir sind, erleben wir das Universum«, füge ich hinzu.

»Je mehr wir uns selbst lieben, desto mehr können wir uns gegenseitig lieben«, sagt Louise.

»Daran erkennen wir, dass das Leben uns liebt.«

»Und wir erkennen, dass das Universum tatsächlich freundlich ist.«

Auf die Liebe vertrauen

Am Tag als ich mit dem Schreiben dieses Buches begann, ereignete sich etwas Außergewöhnliches, das ich nicht richtig erklären kann. Es war eine solche Überraschung und so schön, dass es mir alle Zuversicht schenkte, die ich für die vor mir liegende Reise benötigte.

Ich hatte geplant, am 21. Januar mit dem Schreiben zu beginnen, aber ich begann am 20. Januar. An jenem Morgen wachte ich mit dem Gedanken auf, dass noch einige Vorbereitungen für jenen großen Tag notwendig seien, an dem ich vor der ersten leeren Seite sitzen würde. Der Seite eins. Der Alpha-Seite. Der Oh-mein-Gott-Seite. Jener Seite, die du schreiben musst, um zu Seite zwei zu gelangen. Während meiner Morgenmeditation empfing ich eine rätselhafte innere Botschaft, die besagte: »Du bist schon bereit auf die Welt gekommen. Beginne gleich heute.«

Beim Frühstück erzählte ich Hollie, Bo und Christopher, dass ich schon an diesem Tag mit dem Schreiben von *Das Leben liebt dich!* beginnen würde. »Ich habe so ein Gefühl, dass es gut wäre, schon früher anzufangen, als ich eigentlich dachte«, sagte ich zu Hollie. Sie lächelte. Christopher mampfte seinen Pancake. Bo stand vom Tisch auf und lief nach oben. Einen Augenblick später kam sie mit einer Engelfigur aus Rosenquarz zurück. »Hier, Papa«, sagte sie. »Stell sie auf deinen Schreibtisch. Sie wird dir beim Schreiben helfen.« Christopher sprang auf, holte seinen Lieblingstraktor und gab ihn mir. »Hier, Papa. Dieser Traktor wird dir bestimmt sehr helfen.«

Später an diesem Morgen saß ich an meinem Schreibtisch und schaute auf die leere Seite vor mir. Die Seite eins. Der rosafarbene Engel stand neben dem Computerbildschirm. Der Traktor war doch nicht dabei. Christopher hatte seine Meinung geändert. »Du kannst meinen Traktor haben, Papa, aber nur wenn ich ihn behalten darf«, sagte er. Nun war der Geist des Traktors bei mir und parkte gleich neben dem Engel. Außerdem standen eine Jasmin-Duftkerze, eine Tasse Kona-Kaffee und eine Karte mit meiner Lieblingsbotschaft aus *Ein Kurs in Wundern* auf meinem Schreibtisch:[2]

Dass es schwierig ist,
die Aufgabe auszuführen,
die auszuführen CHRISTUS dich erkoren hat,
kann nicht sein,
weil ER es ist, der sie ausführt.

Während ich auf die leere Seite starrte, kam mir ein Gemälde in den Sinn, das Jesus Christus zeigt, der mit einer Laterne in der linken Hand vor einer Tür steht. Ich hatte dieses Bild irgendwo schon einmal gesehen, wusste aber nicht mehr, wo. Dieses Bild war alles, woran ich denken konnte. Ich sagte mir, dass eine mystische Vision ein guter Grund war, mit dem Schreiben noch ein wenig zu warten und zuerst eine Google-Suche zu starten. Ich tippte »Gemälde Jesus Christus« ein, klickte auf den Button »Bilder« und da, gleich oben auf der Seite, war das Bild, das ich suchte: *Das Licht der Welt* von William Holman Hunt.

Als ich das Bild sah, erinnerte ich mich, dass ich in der Nacht zuvor davon geträumt hatte. Ich kann mich nur selten an meine Träume erinnern, und auch über diesen kann ich dir nicht viel berichten. Ich erinnere mich nur, dass ich von diesem Bild träumte. Vielleicht erschien es deshalb auf meiner leeren Seite. Jedenfalls nahm ich es als Zeichen, dass »unsichtbare Kräfte«, wie Joseph Campbell es beschrieb, mir bei dem Projekt helfen würden. Ich kennzeichnete einige Artikel über das Bild, um sie später zu lesen. Auch lud ich mir eine Kopie des Bildes herunter, um sie auf meinem Computer als Bildschirmschoner zu verwenden. Doch nun galt es, wieder zur leeren Seite zurückzukehren. Der Seite eins.

Hollie war unten in der Küche. Sie überlegte, welches Geschenk sie mir wohl machen könnte, das mir beim Schreiben helfen würde. So wie Hollie es später beschrieb, lief ihr Körper gewissermaßen wie von allein die Treppe hinauf in ihr Arbeitszimmer. Dort schaute sie sich um. Ihr Blick fiel auf ein Bild, das auf einem Bücherregal stand. Dieses Bild war ihr zuvor nicht aufgefallen. Sie wusste nichts darüber und nahm an, dass es mir gehörte. Sie fand einen silbernen ovalen Rahmen, in den es genau hineinpasste, und dann kam sie zu mir. »Schließ die Augen und strecke deine Hände aus«, sagte Hollie. »Ich habe etwas für dich.«

Als ich die Augen öffnete, erblickte ich das Bild *Das Licht der Welt* von William Holman Hunt. Wie konnte das sein? Ich war verblüfft. Hollie fand die Sache »ganz schön sonderbar«, wie sie es ausdrückte. Wenn ich schreibe, bringt Hollie mir häufig kleine Geschenke – Smoothies, selbst gebackene Muffins, aber nicht so etwas. »Hi, Schatz, hier ist eine religiöse Ikone«, ist bei uns nicht üblich. Niemand von uns beiden war sich überhaupt bewusst gewesen, dass es dieses Bild bei uns zu Hause gab. Jetzt ist es das Erste, was ich sehe, wenn ich den Computer einschalte. Und das gerahmte Bild steht neben dem rosafarbenen Engel und dem Geist des Traktors.

Als ich Louise dieses Erlebnis erzählte, lächelte sie wissend. »Als ich *Gesundheit für Körper und Seele* schrieb, erlebte ich viele kleine Wunder und Zufälle«, erzählte sie. »Ich hatte das starke Gefühl, dass ich damit nicht zu einem der großen Verlage gehen sollte, obwohl ich einige Angebote erhalten hatte. Ich hatte das Gefühl, Hüterin eines wichtigen Wissens zu sein, das nicht verfälscht oder verwässert werden durfte. Ich besaß keinerlei Erfahrung darin, ein Buch im Eigenverlag zu veröffentlichen, doch ich vertraute mich dem Prozess an, dann öffneten sich immer neue Türen.«

Kurz nach diesem Gespräch mit Louise stieß ich auf folgende Affirmation von Florence Scovel Shinn: *Alle Türen stehen weit offen für glückliche Überraschungen, und der Göttliche Plan meines Lebens wird durch die Gnade beschleunigt.*

Das Bild *Das Licht der Welt* von William Holman Hunt ist durch zwei Bibelverse inspiriert. Am Fuß des Bildes steht Vers 3,20 aus der Johannesoffenbarung: »Siehe, ich stehe vor der Tür und klopfe an. So jemand meine Stimme hören wird und die Tür auftun, zu dem werde ich eingehen und das Abendmahl mit ihm halten und er mit mir.« Der Titel des Gemäldes stammt aus

Johannes 8,12. Dort sagt Jesus: »Ich bin das Licht der Welt; wer mir nachfolgt, der wird nicht wandeln in der Finsternis, sondern wird das Licht des Lebens haben.« Beide Bibelverse fordern uns dazu auf, uns für göttliche Führung und einen höheren Plan für unser Leben zu öffnen.

Hunts Gemälde steckt voller Symbolik und Allegorie. Christus steht für unser unkonditioniertes Selbst. Die Tür steht für unser Ego-Bewusstsein. Das Gesicht Christi ist ein Abbild unendlicher Geduld. Vor der Tür wächst Unkraut, was darauf hinweist, dass sie für einige Zeit geschlossen war. Hunt beschreibt die Symbolik so: »Die geschlossene Tür war das störrisch verschlossene Bewusstsein, das Unkraut das durch tägliche Vernachlässigung entstandene Hindernis.« Besonders wichtig ist, dass die Tür keine Klinke, kein Schloss und keinen Riegel hat. Sie kann jederzeit geöffnet werden. Sie öffnet sich von innen. Unsere Seele wartet auf uns. Unser Ego muss sich dafür entscheiden, das Licht hereinzulassen. Unser Ego muss die Tür öffnen.

»Als ich meinen ersten Schritt auf dem spirituellen Pfad tat, war es, als würde ich durch eine Tür in eine neue Welt gehen«, erzählt mir Louise, während wir gemeinsam Hunts Bild betrachten. »Das Leben nahm mich an der Hand und führte mich. Das Leben sagte: ›Tu dies‹, und ich tat es. Das Leben sagte: ›Tu das‹, und ich tat es. Wenn die Leute mich fragen, wie ich Hay House aufbaute, antworte ich immer: ›Ich öffnete mein Bewusstsein. Ich hörte auf meine innere Stimme. Ich folgte den Zeichen. Ich vertraute dem Fluss und lernte, harmonisch mit ihm zu fließen.‹«

»Ich glaube an das Universum«, sagte Albert Einstein zu William Hermanns, nachzulesen in dem Buch *Einstein and the Poet.*[3] Dieses Buch gehört zu meinen Lieblingsbüchern über Einstein. Es enthält vier Gespräche zwischen Einstein und Hermanns, einem deutschen Dichter, Dramatiker und Soziologen, die im Zeitraum von 30 Jahren stattfanden. »Durch mein Streben in der Wissenschaft erlebte ich kosmische religiöse Empfindungen.« Einstein legt Wert darauf, dass er Wissenschaftler ist, aber er klingt durchaus auch wie ein Dichter. Er spricht von einer inneren Stimme. Und er sagt zu Hermanns: »Wenn ich nicht absolut an die Harmonie der Schöpfung glauben würde, hätte ich nicht 30 Jahre lang versucht, dieser Harmonie in einer mathematischen Formel Ausdruck zu verleihen.«

»Wenn du weißt, dass das Leben dich liebt und dass du in einem freundlichen Universum lebst, hilft dir das in guten Zeiten ebenso wie in schlechten Zeiten«, sagt Louise. Manchmal verläuft das Leben nicht nach Plan. Zumindest nicht nach deinem Plan. Wir alle kennen das. Wenn wir bekommen, was wir wollen, glauben wir gerne, dass das Leben uns liebt, aber was ist, wenn wir es nicht bekommen? Wenn ein anderer den erhofften Job bekommt? Oder wenn jener Mensch, den wir besonders begehrenswert finden, uns nicht zurückruft? Oder wenn etwas, das sich total richtig angefühlt hatte, schiefgeht? In solchen Situationen müssen wir darauf vertrauen, dass das Leben uns *immer* liebt – und dass die Dinge sich letztlich auch dann zu unserem höchsten Wohl entwickeln werden, wenn etwas nicht wie gewünscht verläuft.

In *Ein Kurs in Wundern* heißt es:

> *»Wenn du erkennen würdest,*
> *WER neben dir auf dem Weg geht,*
> *den du gewählt hast,*
> *wäre Angst unmöglich.«*

Wenn wir Angst haben, fühlen wir uns allein. Unser Ego denkt dann: *Wenn sich eine Tür schließt, werden sich auch alle anderen für mich verschließen.* »Wenn du auf die Liebe vertraust, ist es unmöglich, sich völlig allein zu fühlen«, sagt Louise. »Die Liebe eröffnet uns die Gesamtheit aller Möglichkeiten. Sie öffnet uns für eine Macht, die größer und weiser ist als unser Ego. Die Liebe weiß, was das Beste für uns ist. Sie führt uns zu unserem höchsten Wohl. Die Liebe weist uns den Weg.«

Wenn du dich blockiert, einsam und ängstlich fühlst, empfehlen wir dir, dir folgende Frage zu stellen: »Welche guten Dinge können geschehen, wenn ich mich mehr vom Leben lieben lasse?« Eine andere Möglichkeit ist, den folgenden Satz auf zehn verschiedene Weisen zu vervollständigen: *Ich kann mich hier und jetzt vom Leben mehr lieben lassen, indem ich ...* Öffne die Tür und lass dich von deiner Seele führen. Öffne dein Herz und vertraue darauf, dass die Liebe dir den richtigen Weg weist. Um dir dabei zu helfen, füge ich hier eine meiner Lieblingsstellen aus Louises Buch *Herzensweisheiten* ein:[4]

Vertraue darauf, dass deine innere Führung
dich so leitet, wie es am besten für dich ist,
und dass deine spirituelle Entwicklung
ständig voranschreitet.
Ganz gleich, welche Türen sich
für dich öffnen oder schließen,
du bist immer sicher und geborgen.
Du lebst ewig.
Du wirst für immer
von Erfahrung zu Erfahrung schreiten.
Stell dir vor, dass du Türen öffnest zu Freude,
Frieden, Heilung, Reichtum und Liebe.
Türen zu Einsicht,
Mitgefühl und Vergebung.
Türen zur Freiheit. Türen zu
Selbstachtung und einem gesunden Selbstwertgefühl.
Türen zur Selbstliebe.
Es ist hier und jetzt alles für dich bereitet.
Welche Tür wirst du als erste öffnen?
Denke daran: Inmitten aller Veränderungen
bist du immer sicher und geborgen.

Liebe als einzige Lektion

An einem Nachmittag spazierte ich mit Louise durch den Balboa Park. An Daniel's Coffee Cart legten wir einen Stopp ein, damit ich mir einen Cappuccino kaufen konnte. Von dort gingen wir zum Japanischen Freundschaftsgarten. Unterwegs fragte ich Louise nach dem Hayride-Treffen, das gerade stattgefunden hatte. Dort war der 30. Geburtstag der »Hayrides« gefeiert worden, der von Louise gegründeten Selbsthilfetreffen für Aids-Kranke und deren Angehörige. Dieses Jubiläums- und Wiedersehenstreffen fand im Wilshire Ebell Theatre in Los Angeles statt. Das Theater war voll besetzt mit alten und neuen Freunden, die aus aller Welt angereist waren.

Plötzlich rief jemand: »Ms. Hay! Ms. Hay!« Wir schauten auf und sahen zwei Männer, die Arm in Arm am Eingang des Japanischen Gartens standen und uns zuwinkten. Sie gingen auf uns zu, und einer der beiden sagte: »Ms. Hay, ich bin ein Hayrider!« Louise und der Mann brachen beide in Tränen aus. Sie umarmten sich lange. Ich machte viele Fotos. Louise sah sehr glücklich aus. Als dieser Mann 1988 zu den Hayride-Treffen gegangen war, hatte er geglaubt, bald sterben zu müssen. »Sie haben mein Leben geheilt«, sagte er. »Nein«, sagte Louise zu ihm, »*Sie* haben Ihr Leben selbst geheilt.«

In den 1980er-Jahren leitete Louise sechseinhalb Jahre lang an jedem Mittwochabend ein Hayride-Treffen. »Ein privater Klient fragte mich, ob ich ein Treffen für Männer mit AIDS durchführen würde. Ich sagte zu. So begann es«, erzählte mir Louise. Zum ersten Treffen, das Louise in ihrem Wohnzimmer veranstaltete, kamen sechs Männer. »Ich sagte ihnen, dass wir es so machen würden, wie ich es immer mache: Im Mittelpunkt würden Selbstliebe, Vergebung und die Überwindung der Angst stehen. Und ich sagte ihnen, dass wir nicht herumsitzen und das Spiel *Oh, wie furchtbar!* spielen würden, denn damit sei niemandem geholfen.« Am Ende dieses ersten Treffens umarmten die sechs Männer und Louise einander liebevoll. Die Männer gingen mit einem Gefühl der Liebe im Herzen nach Hause.

»In der nächsten Woche saßen schon zwölf Männer in meinem Wohnzimmer, und in der Woche danach waren es 20. Die Treffen wuchsen immer mehr«, sagt Louise, die bis heute darüber staunt, was sich damals ereignete. »Schließlich mussten wir fast 90 Männer in mein Wohnzimmer quetschen. Ich weiß nicht, was die Nachbarn dachten! In jeder Woche redeten und weinten wir zusammen, sangen Lieder, machten Spiegelarbeit und andere Heilmeditationen für uns und den Planeten. Jeder Abend endete mit Umarmungen. Das war gut für die Liebe, und es fanden neue Paare zusammen«, sagt Louise lachend.

Irgendwann zog man aus Louises Wohnung in eine Turnhalle in West Hollywood um. »Statt 90 kamen am ersten Abend gleich 150 dorthin«, erinnert sie sich. Bald mussten sie wieder umziehen. Diesmal stellte die Stadtverwaltung von West Hollywood Louise einen Saal zur Verfügung, der viele hundert Menschen aufnehmen konnte. »Schließlich nahmen an unseren Mittwochabend-Treffen fast 800 Menschen teil. Es kamen längst nicht nur Männer mit AIDS. Es kamen Männer, Frauen und auch die Angehörigen der Betroffenen. Wenn die Mutter eines Infizierten oder Kranken zum ersten Mal ein Treffen besuchte, erhielt sie von uns allen stehenden Applaus.«

Zu Louises engsten Freunden gehört Daniel Peralta. Sie begegneten sich im Januar 1986, als Daniel die Premiere des Films

Doors Opening: A Positive Approach to AIDS besuchte, einer Dokumentation über die Hayrides. »Louise Hay zeigte mir, was bedingungslose Liebe ist«, erzählte Daniel mir. In einem Artikel über die Hayrides schrieb Daniel über Louises unendliche Güte und ihre großzügige Geisteshaltung:

> *Louise Hay zeigte uns neue Möglichkeiten auf, eine ganz neue Art des Seins. Sie leitete uns dazu an, uns selbst zu lieben, und vermittelte uns praktische Schritte, wie sich diese Veränderung herbeiführen ließ. Sanft lud sie uns dazu ein, auf neue, andere Art zu uns selbst zu finden und Selbstakzeptanz und Selbstfürsorge zu praktizieren. Das war nicht nur attraktiv, es war heilsam. Ich erinnere mich noch genau, wie unglaublich gut es Louise gelang, ein Gemeinschaftsgefühl zu erzeugen und Menschen zusammenzubringen, von Herz zu Herz.*

Wenn Louise über die Hayrides spricht, ist das sehr berührend, denn sie lässt ihren Tränen dabei freien Lauf. »Diese jungen Leute waren alle schrecklich verängstigt und einsam. Ihre Familien und die Gesellschaft hatten sie verstoßen«, erzählt sie. »Sie brauchten eine Freundin – eine, die keine Angst hatte, die sie nicht verurteilte und so liebte, wie sie waren. Diesem Hilferuf bin ich einfach gefolgt. Wir verbrauchten bei den Hayrides eine Menge Taschentücher. Ich schloss viele Freundschaften, aber ich verlor auch zahlreiche Freunde. Wir mussten auf viel zu viele Beerdigungen gehen. Aber wir sorgten dafür, dass niemand ohne das Gefühl starb, geliebt zu werden. Und natürlich überlebten auch viele

Leute und erschufen sich eine Zukunft, die sie nie für möglich gehalten hätten.«

Am Anfang von *Doors Opening* sagt Louise: »Ich heile niemanden. Ich schaffe nur einen Raum, in dem wir entdecken können, wie absolut wunderbar wir alle sind. Und viele Menschen entdecken, dass sie in der Lage sind, sich selbst zu heilen.« Louise bleibt konsequent bei ihrer Botschaft. Ich habe schon Hunderte Male erlebt, dass Menschen zu ihr sagten: »Danke, dass Sie mein Leben geheilt haben.« Dann lächle ich jedes Mal, denn ich weiß genau, was Louise stets darauf antwortet: »*Sie selbst* haben Ihr Leben geheilt«, sagt sie zu ihnen.

»Louise, die Menschen geben deiner Tätigkeit viele Namen«, sage ich.

»Ich weiß«, sagt sie lachend.

»Du sagst allen: *Ich bin keine Heilerin.*«

»Das ist richtig«, sagt sie nachdrücklich.

»Was bist du dann?«

»Oh, ich weiß es nicht.«

»Man hat dich eine lebende Heilige genannt.«

Das ist ihr sichtlich peinlich. »Nun, was soll man da machen?«, sagt sie.

»Oprah Winfrey nannte dich die Mutter des Gesetzes der Anziehung.«

»Aha.«

»Man hat dich als Guru und als Pionierin bezeichnet.«

»Aha.«

»Und als Rebellin.«

»Oh, das gefällt mir.« Sie lacht.

»Hast du je ein Selbstporträt gemalt?«, frage ich.

»Noch nie!«

»Komm, Louise: Verrate mir, wer du bist.«

»Nun, wie würdest *du* mich denn beschreiben?«

»Da habe ich ein paar Ideen.«

»Ich bin gespannt!«

»Ich denke, du bist eine Löwin«, sage ich.

»Nun, in meinem Horoskop gibt es tatsächlich einen aufsteigenden Löwen«, sagt sie.

»Ich denke, dass du leidenschaftlich für die Wahrheit eintrittst.«

»Ja, da bin ich leidenschaftlich und direkt«, sagt sie.

»Und du beschützen die Menschen, die du liebst.«

»Allerdings. Ich habe einen wirklich starken Beschützerinstinkt.«

»Und ich glaube, dass du eine Lehrerin bist.«

»Das ist wahr«, sagt sie.

Wenn ich über Louise und ihre Arbeit nachdenke, fällt mir sofort eine Zeile aus *Ein Kurs in Wundern* ein: »Lehre nur Liebe, denn das ist es, was du bist.« Louise ist eine Lehrerin und unterrichtet Liebe. Sie lehrt, dass du in jedem Moment des Lebens zwischen Liebe und Angst, Liebe und Schmerz, Liebe und Hass wählst. »Ich lehre nur eine einzige Sache – nur diese eine –, liebe dich selbst«, sagt Louise.

Als wir kürzlich skypten, sagte Louise zu mir: »Solange ein Mensch sich selbst nicht liebt, weiß er nicht, wer er wirklich ist und was er kann.« Sie betrachtet die Liebe als die Wunderzutat, die dir hilft, zu dem Menschen zu werden, der du in Wahrheit bist. »Wenn du dich selbst liebst, wirst du erwachsen«, sagt sie. »Liebe hilft dir, über deine Vergangenheit, deinen Schmerz, deine Ängste, dein Ego und all die kleinkarierten Ideen über dich selbst hinauszuwachsen. Aus Liebe wurdest du erschaffen, und Liebe hilft dir, dein wahres Sein zu entdecken und zu entfalten.«

Zu den großen Vorzügen einer Freundschaft mit Louise gehört es, miterleben zu dürfen, wie sehr sie sich für Wachstum und Entwicklung begeistert. Louise Hay lernt leidenschaftlich gerne. »Hätte ich nicht gelernt, mich selbst zu lieben, wäre nichts von dem, was ich anschließend tat, möglich gewesen«, sagt sie. Louises Botschaft lautet: *Liebe dich selbst, und zwar jetzt. Warte nicht, bis du bereit dafür bist.* »Wenn du dich heute nicht liebst, wirst du dich morgen auch nicht lieben. Aber wenn du heute damit beginnst, wirst du dir eine bessere Zukunft erschaffen, und dein zukünftiges Selbst wird es dir danken.«

Louise ist stets darauf aus, Neues zu lernen und neue Abenteuer zu erleben. Nach ihrer ersten Kunstausstellung schrieb sie auf ihrer Facebook-Seite: »Das Leben verläuft in Zyklen. Es gibt eine Zeit, etwas Neues zu beginnen, und dann gibt es eine Zeit, sich wieder etwas anderem zuzuwenden. Es ist nie zu spät, etwas Neues zu lernen.« Nach dem Hayride-Jubiläumsfest sagte sie zu mir: »Ich habe das Gefühl, dass eine Tür sich geschlossen hat und eine andere sich für mich öffnet. Ich bin offen und empfangsbereit für neue Erkenntnisse und Erfahrungen.« Bei einem unserer jüngsten Skype-Gespräche erzählte Louise mir, dass sie sich gerade für einen Kurs über spirituelle Homöopathie angemeldet hat.

Während wir gemeinsam *Das Leben liebt dich!* schrieben, hatte Louise das Gefühl, dass sie an der Schwelle zu einem völlig neuen Kapitel ihres Lebens steht. Sie erzählte mir, dass sie noch keine Ahnung hat, worum es in diesem Kapitel gehen wird. »Ich bin aufgeregt und nervös, aber ich rufe mir jeden Tag ins Gedächtnis, dass ich inmitten aller Veränderungen sicher und geborgen bin und das Leben immer das Beste für mich will.« Als ich sie fragte, wie sie für dieses neue Kapitel den Boden bereitet, antwortete sie: »Ich werde die Möbel ein wenig umstellen. Ich werde mich von ein paar Dingen trennen und Raum für das Neue schaffen.«

Kürzlich hielt ich die Eröffnungsrede bei der IGNITE!-Konferenz von Hay House UK in London. Bei dieser Konferenz sprachen zwölf Autoren über persönliches Wachstum und globale Transformation. Ich fragte Louise, ob sie eine Botschaft an das Publikum hätte. Sofort mailte sie mir eine wunderbar inspirierende Affirmation. Hier ist Louises Text, den ich für sie vortrug:

Jedes Mal, wenn ich etwas Neues beginne, bringe ich damit Feuer in mein Leben.

Es ist aufregend, mich auf neues Gebiet vorzuwagen. Ich weiß, dass mich nur Gutes erwartet. Daher bin ich bereit für alles, was das Leben für mich bereithält. Neue Abenteuer halten uns jung. Und wenn wir in alle Richtungen liebende Gedanken aussenden, wird unser Leben stets von Liebe erfüllt sein. Mit 87 Jahren beginne ich ein neues Leben.

Spiegel der Liebe

Wenn Louise bei einer I Can Do It!-Konferenz die Bühne betritt, bekommt sie stehenden Applaus. Tausende von Menschen überschütten Louise mit Liebe und Dankbarkeit. Das passiert überall auf der Welt, in Städten wie Vancouver, London, New York,

Sydney und Hamburg. Ich befand mich bei vielen dieser Anlässe im Publikum und war jedes Mal zu Tränen gerührt. Ist es nicht wunderbar, was in dieser Welt geschehen kann, wenn ein Mensch sich für die Liebe einsetzt?

Dieses Mal befinden Louise und ich uns in Denver, wo wieder ein I Can Do It! stattfindet. Wir sitzen in Louises Hotelzimmer und korrigieren die ersten Kapitel dieses Buches. Louise sagt zu mir: »Es gibt eine Botschaft, die ich den Leserinnen und Lesern mehr als alles andere vermitteln möchte: *Das Leben liebt dich so, wie du bist, und es will, dass du das auch tust*. Wir leben hier auf diesem Planeten, um bedingungslos lieben zu lernen, und das beginnt mit Selbstakzeptanz und Selbstliebe.« Sie zeigt mit dem Finger auf mich und sagt: »In deinem Leben musst du selbst den Anfang machen, indem du dich liebst. Und in meinem Leben muss ich den Anfang machen, indem ich mich liebe.« Sie schweigt einen Moment und fügt dann hinzu: »Und so gelangen wir dahin, dass wir die Welt lieben.«

Wenn man anderen Menschen Selbstliebe vermittelt, wie Louise und ich es tun, gewöhnt man sich schnell daran, mit zahlreichen Zweifeln und Gegenargumenten konfrontiert zu werden. Besonders verbreitet sind: »Selbstliebe ist egoistisch.« »Selbstliebe ist selbstgefällig.« »Selbstliebe ist narzisstisch.« Stimmt das wirklich? Ich denke, das Narzissmus narzisstisch ist, aber Selbstliebe ist kein Narzissmus. Mit anderen Worten, die meisten Einwände gegen die Selbstliebe beruhen auf irrigen Annahmen darüber, was Liebe ist. »Bei Selbstliebe geht es nicht um Eitelkeit oder Arroganz, sondern um Selbstachtung«, sagt Louise. »Es handelt sich um eine tiefe

Wertschätzung für das Wunder, das sich in uns manifestiert, und für das Leben, das zu leben wir hergekommen sind.«

In meinem Loveability-Seminar bitte ich jene Schüler, die befürchten, Selbstliebe wäre egoistisch, sich Louise Hays Leben anzuschauen. Louises Geschichte ist ein wundervolles Beispiel dafür, wie Selbstheilung und Selbstliebe zum Segen für andere werden können. Schauen wir uns an, was geschah, nachdem Louise sich auf ihre Heilungsreise begeben hatte: Im Alter von 50 Jahren schrieb sie die erste Fassung ihres kleinen blauen Buches mit dem Titel *What Hurts* (»Was tut weh?«). Drei Jahre später überarbeitete sie das Buch und veröffentlichte es als *Heile deinen Körper*.[5] Mit 56 Jahren gründete Louise die Hayrides. Als sie 59 Jahre alt war, gründete sie die Hay Foundation. Mit 60 Jahren gründete sie den Verlag Hay House. Und dann ging es erst richtig los!

»Wir sind hier, um liebevolle Spiegel für die Welt zu sein«, sagt Louise zu mir. Je mehr wir uns selbst lieben, desto weniger projizieren wir unsere Schmerzen auf die Welt. Wenn wir aufhören, uns selbst zu kritisieren und zu verurteilen, verurteilen wir auch andere Menschen weniger. Wenn wir aufhören, uns selbst anzugreifen, greifen wir auch andere nicht mehr an. Wenn wir uns selbst nicht länger ablehnen, werden wir andere nicht mehr beschuldigen, dass sie uns verletzen. Wenn wir anfangen, uns selbst mehr zu lieben, werden wir glücklicher, weniger defensiv und offener. Wenn wir uns selbst lieben, lieben wir auf ganz natürliche Weise auch die anderen mehr. »Selbstliebe ist das größte Geschenk, denn was wir uns selbst schenken, wird auch von anderen wahrgenommen und erfahren«, sagt Louise.

Als ich 1994 das Happiness-Projekt gründete, bestand unser Motto aus nur drei Worten: *Sprich übers Glücklichsein*. Damals wurde in der Psychologie und der Gesellschaft insgesamt nicht viel über das Glücklichsein gesprochen. Das Ziel des Happiness-Projekts bestand darin, die Menschen dazu anzuregen, mehr übers Glücklichsein zu sprechen. Wir sprachen darüber in Schulen, Krankenhäusern, Kirchen, Unternehmen und Regierungsgebäuden. Je mehr wir sprachen, desto mehr erfuhr ich darüber, was Glück eigentlich ist, und desto mehr gelangte ich zu der Überzeugung, dass Glücklichsein, wie die Selbstliebe, etwas ist, wovon der einzelne Mensch und die Gesellschaft insgesamt profitieren. Nach ein paar Jahren dachte ich mir ein neues Motto für das Happiness-Projekt aus. Es lautet:

Weil die Welt so voller Leid ist,
ist dein Glücklichsein ein Geschenk.
Weil die Welt so voller Armut ist,
ist dein Reichtum ein Geschenk.
Weil die Welt so unfreundlich ist,
ist dein Lächeln ein Geschenk.
Weil die Welt so voller Krieg ist,
ist dein Geistesfrieden ein Geschenk.
Weil die Welt so voller Verzweiflung ist,
sind deine Hoffnung und dein Optimismus
ein Geschenk.

Weil die Welt so viel Angst hat,
ist deine Liebe ein Geschenk.

Liebe wird immer mit anderen geteilt. Sie ist ein Geschenk wie wahres Glück und Erfolg. Im Endeffekt profitieren die anderen davon ebenso wie du selbst. »Wenn ich über die Liebe nachdenke, visualisiere ich gerne, dass ich in einem Lichtkreis stehe«, sagt Louise. »Dieser Kreis steht für die Liebe, und ich sehe, dass ich von Liebe umgeben bin. Sobald ich diese Liebe in meinem Herzen und meinem Körper spüre, sehe ich, wie der Kreis sich ausdehnt, sodass er zuerst das Zimmer ausfüllt, dann meine Wohnung, dann die Nachbarschaft, dann die ganze Stadt, das ganze Land, und dann den ganzen Planeten und schließlich das gesamte Universum. Das ist für mich Liebe. So funktioniert sie.«

Louise über ihren Kreis der Liebe sprechen zu hören erinnert mich an folgende Worte Albert Einsteins:

»Ein Mensch ist ein räumlich und zeitlich beschränkter Teil des Ganzen, das wir ›Universum‹ nennen. Er erlebt sich selbst und sein Denken und Fühlen als getrennt vom Rest in einer Art von optischer Täuschung seines Bewusstseins. Diese Wahnvorstellung ist ein Gefängnis, das uns auf unsere persönlichen Bedürfnisse und die Zuneigung zu einigen uns nahstehenden Menschen beschränkt. Es muss unsere Aufgabe sein, uns aus diesem Gefängnis zu befreien, indem wir den Radius des Mitfühlens für andere ausweiten, sodass es alle Lebewesen und die gesamte Natur in ihrer Schönheit umfasst.«

Als Louise Hay 1987 ihren Verlag Hay House gründete, sagte sie allen, die dort mitarbeiten wollten, dass der Zweck dieses Verlages nicht einfach darin bestand, Bücher und Kassetten zu verkaufen. »Natürlich wollte ich finanziell erfolgreich sein, damit wir die Löhne zahlen und gut für alle Mitarbeiter sorgen konnten, aber ich hatte außerdem eine höhere Vision«, erzählt Louise. »Ich erkannte damals, und daran glaube ich auch heute noch, dass die wahre Bestimmung von Hay House darin besteht, dabei mitzuhelfen, *eine Welt zu erschaffen, in der wir einander in Sicherheit und Geborgenheit lieben können*. Mit jedem Buch, das wir drucken, segnen wir die Welt liebevoll.«

ÜBUNG 7

Die Welt segnen

Als Louise das letzte Mal in der *Oprah Winfrey Show* auftrat, war sie gerade 81 Jahre alt geworden. Sie erzählte Oprah, dass sie soeben begonnen hatte, Tanzunterricht zu nehmen. Als Oprah sie fragte, welchen Rat sie Menschen geben könne, die glaubten, es sei für sie zu spät, um sich zu verändern und weiterzuentwickeln, antwortete Louise leidenschaftlich: »Ändere dein Denken! Dass du etwas lange Zeit geglaubt hast, bedeutet nicht, dass du es für immer und ewig glauben musst. Denke Gedanken, von denen du inspiriert und motiviert wirst. Entdecke, dass das Leben dich liebt. Und wenn du diese Liebe erwiderst, wird etwas Wunderbares geschehen.«

Dieses »Wunderbare«, von dem Louise spricht, meint nicht nur, dass du dich vom Leben lieben lässt, sondern es geht auch darum, dass du das Leben liebst. Als Louise und ich uns zum ersten Mal trafen, um über dieses Buch zu sprechen, sagte ich ihr, dass ich die volle Bedeutung ihrer Philosophie, dass das Leben uns liebt, erforschen wolle. Darauf sagte sie: »Um zu erfahren, was *Das Leben liebt dich!* wirklich bedeutet, empfehle ich folgende Affirmation: *Das Leben liebt mich, und ich liebe das Leben.* Wenn du möchtest, kannst du auch die Reihenfolge umkehren: *Ich liebe das Leben, und das Leben liebt mich.* Ich affirmiere das jeden Tag und habe vor, dies für den Rest meines Lebens beizubehalten.« Von dieser Affirmation ist unsere siebte und letzte spirituelle Übung inspiriert.

Wenn du affirmierst: *Das Leben liebt mich, und ich liebe das Leben,* zeichnest du damit einen ununterbrochenen Kreis des Empfangens und Gebens in dein Unterbewusstsein. *Das Leben liebt mich* steht für das empfangende Prinzip, und *Ich liebe das Leben* steht für das gebende Prinzip. Die vollständige Affirmation unterstützt dich gleichermaßen darin, zu empfangen und zu geben. In Wahrheit sind Geben und Empfangen eins. Der, der gibt, und der, der empfängt, sind identisch. Was du gibst, empfängst du. Und was du empfängst, kannst du geben. Dir dessen bewusst zu werden hilft dir, wahrhaft liebevoll in dieser Welt präsent zu sein.

Deine spirituelle Übung für dieses Kapitel ist die Meditation *Die Welt segnen.* Sie ist durch die buddhistische Metta-Meditation inspiriert. Das Pali-Wort *Metta* bedeutet *liebevolle Güte, universelle Freundschaft, Wohlwollen.* Sie besteht aus fünf Teilen. Am besten nimmst du dir für diese Meditation fünf bis 15 Minuten Zeit. Wie bei den anderen Übungen in diesem Buch empfehlen Louise und ich, sie an sieben aufeinanderfolgenden Tagen täglich zu praktizieren. Je öfter du übst, desto besser wird es.

Sich selbst segnen: »Es ist genug Liebe in dir, um den ganzen Planeten zu lieben, aber es beginnt bei dir selbst«, sagt Louise.

Beginne also mit der Affirmation: *Das Leben liebt mich, und ich liebe das Leben*. Sprich sie ein paar Mal laut. Vervollständige den Satz: *Eine Möglichkeit, mir selbst jetzt in diesem Moment Liebe zu schenken, ist …* Zähle auf, womit du hier und jetzt gesegnet bist. Wenn dir das schwerfällt, affirmiere, dass du bereit bist, Gutes zu empfangen, und dass du offen für jegliche Hilfe bist. Affirmiere: *Heute nehme ich mein höchstes Wohl dankbar an. Von überall her kommt Gutes zu mir, und ich bin sicher und geborgen.*

Geliebte Menschen segnen: Wünsche allen, die dich lieben, einen wunderschönen Tag. Affirmiere für deine Lieben: *Das Leben liebt dich*. Bete, dass ihnen bewusst wird, wie gesegnet sie sind, und dass sie die Grundwahrheit über sich selbst erkennen, die lautet: *Ich bin liebenswert*. Freue dich über ihre Erfolge, ihren Wohlstand, ihre gute Gesundheit und ihr Glück. »Denke daran: Wenn du dir Liebe und Akzeptanz von deiner Familie wünschst, musst du deine Familie lieben und akzeptieren«, sagt Louise. Affirmiere: *Ich erfreue mich am Glück aller, denn ich weiß, dass immer genug für alle da ist.*

Alle deine Mitmenschen segnen: Nimm dir fest vor, jeden Menschen zu segnen, der dir heute begegnet. Segne alle Nachbarn in deiner Straße. Segne die Eltern, die du morgens triffst, wenn du deine Kinder zur Schule bringst. Segne die örtlichen Ladenbesitzer und ihr Personal, den Postboten, den Busfahrer und jeden anderen Menschen, der dir im Alltag begegnet. Segne die Bäume in deiner Straße. Segne deine ganze Wohngegend. Affirmiere: *Das Leben liebt dich, und ich wünsche dir heute von Herzen alles Gute.*

Deine Feinde segnen: Segne die Menschen, die zu lieben dir schwerfällt. Segne den Menschen, dessen Verhalten du am meisten verurteilst, und affirmiere: *Das Leben liebt uns alle*. Segne den Menschen, mit dem du am häufigsten Ärger hast, und affirmiere: *Das Leben liebt uns alle.* Segne den Menschen, über den du dich am meisten beklagst, und affirmiere: *Das Leben liebt uns alle*. Segne den Menschen, den du am meisten beneidest, und affirmiere: *Das Leben liebt uns alle*. Segne den Menschen, den du als deinen größten Konkurrenten betrachtest, und affirmiere: *Das Leben liebt uns alle*. Segne deine Feinde, sodass du keine Feinde mehr hast. Affirmiere: *Wir alle sind liebenswert. Das Leben liebt uns alle. Die Liebe kennt keine Verlierer.*

Die Welt segnen: Affirmiere: *Das Leben liebt mich, und ich liebe das Leben*. Stell dir vor, dass du den ganzen Planeten in dein Herz schließst. »Du bist wichtig. Und was du mit deinem Bewusstsein tust, macht einen Unterschied. Segne jeden Tag die ganze Welt«, sagt Louise. Liebe die Tiere. Liebe die Pflanzen. Liebe die Ozeane. Liebe die Sterne. Visualisiere Zeitungsschlagzeilen wie »Heilmittel gegen Krebs gefunden«, »Eine Welt ohne Armut« oder »Der Weltfrieden ist da«. Jedes Mal, wenn du die Welt mit deiner Liebe segnest, verbindest du dich mit Millionen Menschen, die das auch tun. Visualisiere, dass die Welt sich Tag für Tag immer mehr in Richtung Liebe entwickelt. Affirmiere: *Gemeinsam erschaffen wir eine Welt, in der wir einander in Sicherheit und Geborgenheit lieben können.*

* * *

Nachwort

Heute arbeite ich an der Endfassung des Manuskripts von *Das Leben liebt dich!*. Christopher spielt in meinem Arbeitszimmer mit seinem neuen Traktor. Er ist so glücklich. »Das ist der beste Traktor im ganzen Universum, Papa!«, sagt er zu mir. Nun steht sein alter Traktor auf meinem Schreibtisch neben dem Engel, den Bo mir geschenkt hat, und dem Bild von Christus mit der Laterne. Hollie und ich wundern uns immer noch darüber, wie dieses Bild seinen Weg in unser Haus fand! An diesem Morgen blätterte ich mein Exemplar von *Gesundheit für Körper und Seele* durch. Ich wollte ein Zitat überprüfen. Man sieht dem inzwischen mehrere Jahre alten Buch an, dass es viel benutzt wurde. Erst eben ist mir aufgefallen, dass Louise es persönlich signiert hat. Dort steht: »Nicht vergessen: ›Das Leben liebt dich‹. Hihi. Für Robert in Liebe. Louise Hay.« Das Hihi ist unterstrichen. *Warum hat Louise damals Hihi in die Widmung geschrieben?*, wundere ich mich. Wusste sie etwas, das ich nicht wusste? Ich lächle in dankbarer Erinnerung an die Reise, die wir gemeinsam unternommen haben.

Mein Ischiasnerv ist geheilt. Ich bin frei von diesbezüglichen »Empfindungen«, wie Louise es ausdrückt. Mein Physiotherapeut hat mir vor ein paar Wochen völlige Genesung bescheinigt. Der Zeitpunkt, zu dem die Beschwerden auftraten, war symbolisch. Ein paar Tage bevor ich mit dem Schreiben dieses Buches begann, setzten sie ein. Ein weiterer »Zufall«! In *Gesundheit für Körper und Seele* nennt Louise *Scheinheiligkeit* als wahrscheinliche Ursache für Ischiasbeschwerden. Als ich mir das genauer anschaute, fand ich heraus, dass ich durchaus daran glaube, vom Leben geliebt zu werden, aber ich entdeckte auch Schatten, Zweifel, Ängste, Zynismus und Minderwertigkeitsgefühle.

Das Leben liebt dich! ist eine große Entdeckungsreise. Louise und ich haben in unseren Gesprächen das Thema so umfassend wie möglich erforscht. Aber es gibt, für uns beide, noch mehr zu entdecken. Gerade erst sagte Louise in einem Gespräch zu mir: »Es kommt immer noch vor, dass ich Angst habe, und manchmal zweifle ich daran, dass das Leben mich liebt, aber das passiert immer seltener. Tief in mir weiß ich, dass Angst einfach nur Angst ist, nichts weiter. Sie ist nicht die Wahrheit. Wenn ich in mir eine Angst bemerke, begegne ich ihr mit Liebe. Und ich rufe mir ins Gedächtnis, dass das Leben mich niemals ablehnt oder verurteilt. Das Leben liebt mich.«

Das Buch ist nun fast fertig, aber es kommt mir so vor, als ob die Entdeckungsreise gerade erst beginnt. Wir alle besitzen ein Selbstbild, ein Ego, von dem wir hoffen, dass es liebenswert ist. Doch Egos sind voller Löcher. In diesen Löchern verbergen sich verdrängte Ängste und Zweifel, die einen Schatten auf unser Bild von der Welt werfen. *Das Leben liebt dich!* fordert uns auf, tief zu graben, bis hinunter zum Urgrund unseres Seins, wo unsere wahre Natur lebt. Dort liegt unser vergrabener Schatz. Dort treffen wir unser unkonditioniertes Selbst. Und das ist das Selbst, das vom Leben geliebt wird.

Eine Entdeckungsreise zum Thema Liebe ist von Natur aus unendlich. Schon bald werden Louise und ich auf der Webseite *Heal Your Life* eine Serie von Interviews veröffentlichen. Dieses Angebot dient dazu, die Entdeckungsreise weiter zu vertiefen.

Je mehr wir uns vom Leben lieben lassen, desto mehr können wir die Person sein, die wir in Wirklichkeit sind. Die innere Arbeit besteht also darin, die Hindernisse in uns aufzulösen, die der Liebe im Weg stehen. Dies müssen wir so lange tun, bis nur noch Liebe übrig bleibt. Liebe ist unsere wahre Natur. Liebe ist die Sprache unseres Herzens. Liebe ist die Bestimmung unserer Seele. Wir sind hier, um die Welt zu lieben. Wir sind hier, um uns statt für die Angst für die Liebe zu entscheiden. Das ist unser Geschenk für uns selbst und füreinander.

Danksagung

Robert dankt Louise Hay dafür, dass sie *Ja* dazu sagte, mit ihm gemeinsam dieses Buch zu schreiben. Danke Hollie Holden für deine Liebe und Unterstützung. Unsere Gespräche am späten Abend, wenn die Kinder schließlich schliefen, waren für mich Inspiration und Orientierung auf dem Weg. Danke Laurie Samuel und Lizzie Prior dafür, dass ihr mir geholfen habt, Raum für das Schreiben zu schaffen. Danke Shelley Anderson und Natasha Fletcher für die Hilfe bei der Recherche. Wieder geht ein Dank an Dr. David Hamilton für seine Hilfe bei wissenschaftlichen Fragen. Thomas Newman danke ich für seine Musik, besonders für den Soundtrack des Films *Saving Mr. Banks*, den ich hörte, während ich dieses Buch schrieb. Danke Meggan Watterson für die wichtige Bemerkung während eines Abendessens mit Hollie und mir. Raina Nahar, Jack Smith, Finn Thomas und Alan Watson danke ich für die Unterstützung. Ebenso danke ich William Morris Endeavor und meiner Agentin Jennifer Rudolph Walsh.

Robert und Louise danken dem Team bei Hay House dafür, dass dieses Buch das Licht der Welt erblicken konnte. Wir danken unserer Lektorin Patty Gift. Und wir danken Leanne Siu Anastasi, Christy Salinas, Joan Oliver, Richelle Zizian, Laura Gray und Sally Mason.

Fußnoten

1. KAPITEL

1 Rumi, Jalal al-Din: »Say Yes Quickly« (Sag schnell ja), Open Secret, trans. Coleman Barks, Boston. © 1984
by John Moyne und Coleman Barks

2 Hay, Louise: »Gesundheit für Körper und Seele«,
Ullstein Buchverlag GmbH, Berlin

3 Schucman, Helen; Thetford, William N.: »Ein Kurs in Wundern«, Kapitel 21. Greuthof Verlag, Gutach, 11. Auflage

4 Walcott, Derek: »Love After Love« (»Gedicht: Liebe folgt der Liebe«), ausgewählt von Glyn Maxwell

2. KAPITEL

1 Hay, Louise: »I Can Do It« (Kalender)

2 Hay, Louise: »Ich bin, was ich denke!« (Kinderbuch), Palaysia Verlag, Gronau

3 Hay, Louise: »Lulu und die kleine Ameise« (Kinderbuch), AMRA Verlag, Hanau

4 Hay, Louise: »Lulu und Mimmi. Keine Angst in der Dunkelheit« (Kinderbuch), AMRA Verlag, Hanau

5 Hay, Louise: »Lulu und die Ente Willy. Wachse durch die Kraft des Zauberspiegels« (Kinderbuch), AMRA Verlag, Hanau

6 Dhammapada (Sammlung von Buddhas Aussprüchen)

7 Hay, Louise: »Gesundheit für Körper und Seele«,
Ullstein Buchverlag GmbH, Berlin

8 Hay, Louise: »Herzensweisheiten«, Lüchow Verlag
(J. Kamphausen Mediengruppe, Bielefeld)

3. KAPITEL

1 Kabir (indischer Dichter und Mystiker): »Kabir fand sich im Gesang«, YinYang Media Verlag, Kelkheim

2 Shelley, Percy Bysshe: »Philosophie der Liebe« (Quelle: Wikisource. Übersetzung Adolf Strodtmann, Hoffmann & Campe, Hamburg, 1862)

3 Schucman, Helen; Thetford, William N.: »Ein Kurs in Wundern«, Kapitel 11,1. Greuthof Verlag, Gutach, 11. Auflage

4 Hay, Louise: »Gesundheit für Körper und Seele«, Ullstein Buchverlag GmbH, Berlin

5 Browning, Robert: »Paracelsus« (Gedicht)

6 Lipton, Bruce: »Intelligente Zellen: Wie Erfahrungen unsere Gene steuern«, KOHA-Verlag, Burgrain, 2006

7 Rumi, Jalal al-Din: »Say Yes Quickly« (»Sag schnell ja«), Open Secret, trans. Coleman Barks, Boston. © 1984 by John Moyne und Coleman Barks

8 Newbigging, Sandy C.: »Die Mind-Calm-Methode«, Rowohlt Verlag, Berlin

9 Campbell, Joseph (Mythenforscher): »The Hero's Journey«. (deutsche Ausgaben: Die Kraft der Mythen. Bilder der Seele im Leben des Menschen, Artemis & Winkler, Zürich, 1994; Der Heros in tausend Gestalten, Insel Verlag, Frankfurt a. M., 2001)

10 Hay, Louise; Richardson, Cheryl: »Ist das Leben nicht wunderbar!«, Ullstein Buchverlag GmbH, Berlin

4. KAPITEL

1 Schucman, Helen; Thetford, William N.: »Ein Kurs in Wundern«, Greuthof Verlag, Gutach, 11. Auflage

2 Gibran, Khalil: »Der Prophet«, dtv Verlag, München, 2014

3 Schucman, Helen; Thetford, William N.: »Ein Kurs in Wundern«, Lektion 121,2. Greuthof Verlag, Gutach, 11. Auflage

4 Martin, William: »Das Tao Te für Eltern, Aurum Verlag (J. Kamphausen Mediengruppe, Bielefeld), 2005

5. KAPITEL

1 Gibran, Khalil: »Sämtliche Werke in 5 Bänden«, Patmos Verlag, Ostfildern, 2014
2 Erikson, Erik H.: »Kindheit und Gesellschaft«, Klett-Cotta Verlag, Stuttgart, 2005
3 Almaas, A. H.: »Facetten der Einheit«, J. Kamphausen Mediengruppe, Bielefeld, 2004
4 Hay, Louise: »Herzensweisheiten«, Lüchow Verlag (J. Kamphausen Mediengruppe, Bielefeld)
5 Chödrön, Pema: »Wenn alles zusammenbricht«, Goldmann Verlag, München, 2001
6 Holden, Robert: »Shift Happens!«, Jeffers Press, 2006
7 Vazant, Iyanla. »Peace from Broken Pieces«, Smiley Books, 2012
8 Ladinsky, Daniel: The Subject Tonight Is Love: 60 Wild and Sweet Poems of Hafiz (Gedicht: This Place Where You Are Right Now – Dieser Ort, wo du jetzt im Moment bist)
9 Tolle, Eckhart: »Jetzt! Die Kraft der Gegenwart«, Kamphausen Mediengruppe, Bielefeld, 2010
10 Holden, Robert: »Sei doch einfach glücklich!«, L.E.O. Verlag, München, 2014
11 Cummings, E. E. (Gedicht: »Ich danke dir, Gott, für diesen schönen Tag«)
12 Holden, Robert: »Be Happy« (»Sei doch einfach glücklich!«, L.E.O.Verlag, München, 2014)

6. KAPITEL

1 Hafiz (arabischer Dichter)
2 Shinn, Florence Scovel: »Das Lebensspiel und seine Regeln«, Freya Verlag KG, Linz, 2011
3 »The Gift« by Hafiz (Autor), Ladinsky, Daniel (Übersetzer), Penguin Compass; Gift edition, 1999
4 Holden, Robert: »Authentic Success«, Hay House, Reprint edition, 2011

7. KAPITEL

1 Beckett, Samuel: »Warten auf Godot«, Suhrkamp Verlag, Berlin, 2011

2 Schucman, Helen; Thetford, William N.: »Ein Kurs in Wundern« Greuthof Verlag, Gutach, 11. Auflage

3 Hermanns, William: »Einstein and the Poet: In Search of the Cosmic Man«, Branden Books, 1983

4 Hay, Louise: »Herzensweisheiten«, Lüchow Verlag (J. Kamphausen Mediengruppe, Bielefeld)

5 Hay, Louise: »Heile deinen Körper«, Lüchow Verlag (J. Kamphausen Mediengruppe, Bielefeld)